문해력 특강

선생님들의 선생님이 안내하는 문해력 입문서

문해력 특강

초판 1쇄 발행 2024년 8월 30일
초판 2쇄 발행 2024년 12월 10일

지은이 정혜승 · 서수현
일러스트 박혜원 instagram/hancomfile

펴낸이 김정희
편집 김선아
디자인 신병근 · 선주리

펴낸곳 노르웨이숲
출판신고 2021년 9월 3일 제 2022-000108호
주소 서울시 마포구 신촌로 2길 19, 302호
이메일 norway12345@naver.com

블로그 blog.naver.com/norway12345
인스타그램 @norw.egian_book

ISBN 979-11-93865-06-4 03370

정혜승×서수현

선생님들의 선생님이 안내하는 문해력 입문서

문해력 특강

노르웨이숲

머리말

최근 문해력에 대한 관심이 매우 높습니다. 문해력을 연구하고 교육하는 사람으로서 이러한 관심에 감사한 마음이 들면서도 한편으로는 걱정도 됩니다. 사람들의 관심이, 문해력을 기르고 문해력으로 삶을 잘 살아가는 힘을 키우는 계기가 될 수 있다는 점에서 기쁘고 감사하지만, 문해력에 대한 오해가 커지는 점이나 학습 측면에서만 문해력의 중요성을 강조하는 점은 염려가 되기 때문입니다. 이 책은 이런 염려에서, 사람들이 문해력을 제대로 이해하고 계발하며, 문해력으로 성장하기를 바라는 마음에서 시작했습니다.

먼저 이 책에서는 문해력이 독해력 중심으로 이해되는 것을 바로잡고자 하였습니다. 문해력은 '문자를 중심으로 한 의사소통 능력'입니다. 최근 매체 발달로 문자만이 아니라 표나 그림, 사진 등과 같은 기호가 많이 사용되는 추세를 반영하여 '문자를 중심으로'라는 단서를 달았지만, 문해력은 본질적으로 문자를 통한 의사소통 능력으로 정의할 수 있습니다. 인간은 말로 이루어지는 구어 의사소통의 여러 한계를 극복하기 위해 문자를 만들었고, 이 문자를 사용한 글로 소통해 왔습니다. 문자를 통한 의사소통은 읽기와 쓰기라는 행위로 이루어집니다. 읽기와 쓰기는 이해와 생산이라는 별개 행위처럼 보이지만, 그래서 학교 교육에서도 별개 영역으로 나누어 독립적으로 가르치지만, 의사소통이라는 측면에서는 분리하기가 어렵습니다. 쓰기가 없다면 애초에 읽을 글이 없을 것이고, 읽기가 없으면 무언가를 쓸 필요가 없기 때문이지요.

문해력의 특성이 이러함에도 많은 사람이 문해력을 읽기 중심으로 이해하고 있습니다. 그래서 문해력 수준을 걱정하면서 독해력의 부족을 염려하고, 독해력을 기르는 방법을 찾습니다. 물론 교육하는 입장에서는 쓰기보다 읽기가 쉽다고 생각하여, 읽기를 쓰기에 우선하여 가르칠 수는 있겠지요. 그러나 문해력은 곧 독해력이라고 본다면 굳이 문해력이라는 표현을 사용할 이유가 없습니다.

문해력을 독해력으로만 보는 오해 때문에 의사소통 능력이라는 문해력의 본질이 간과되고 있습니다. 독해력으로만 문해력을 생각하면 글 너머 필자와의 소통이라는 측면을 고려하기 어렵고, 쓰기 측면에서는 글을 읽을 독자와의 대화라는 소통 행위를 생각하기가 쉽지 않습니다. 의사소통의 관점에서 보아야 필자는 독자와 대화하듯 쉽고 친절하게 글을 쓸 수 있으며, 독자는 필자가 어떤 의도와 목적으로 글을 썼는지 파악하고 자신의 생각과 견주고 판단하며 필자와 대화하듯 글을 읽을 수 있습니다. 필자는 독자와, 독자는 필자와 글을 매개로 대화를 주고받는 것이지요. 단지 주어진 글을 잘 이해하는 독해력으로 문해력을 바라보는 관점은 '대화'로서의 문해력의 본질을 놓치기 쉽습니다.

또한 이 책은 문해력의 가치나 중요성을 학습 측면에서만 보는 것을 경계하고자 쓰여졌습니다. 최근 문해력에 대한 논의는 대부분 공부를 잘하기 위한 수단적 가치에 주목하여 이루어지고 있습니다. 물론 문해력이 학습에 필수적인 기반 능력임은 부인하기 어렵습니다. 글을 잘 읽어야 교과서나 수능의 지문을 빠르고 정확하게 이해해서 좋은 성적을 거두고, 글을 잘 써야 서·논술형 평가나 수행 평가에서 높은 점수를 받을 수 있기에 문해력이 학습, 특히 성공적인 학교 공부에 매우 중요한 역할을 하는 것은 사실입니다.

그러나 문해력은 공부를 잘하기 위해서만이 아니라 사람답게 그리고 다른 사람과 더불어 잘 살기 위해 꼭 필요합니다. 문해력은 인권과도 깊은 관계가 있습니다. 역사적으로 볼 때 사회에 계층, 성, 인종 등에 따른 차별이 강하여 인권을 보장받지 못한 사람들은 문해력 교육을 받을 기회를 충분히 갖지 못했습니다. 많은 사회가, 구성원으로 인정받은 사람들에 한해 제한적으로 문해력 교육을 시행해 왔지요. 하지만 오늘날 모든 국민을 평등한 사회 구성원으로 여기는 세계 각국에서는 문해력을 기본적이고 핵심적인 교육 내용으로 다루고 있습니다.

문해력을 갖추어야 자신과 세계를 이해하고, 인간으로서 그리고 시민으로서 누려야 할 권리를 찾으며, 공동체에 구성원으로서 참여하고 공동체에 기여할 수 있습니다. 문해력이 지니는 인권 측면의 가치를 고려한다면, 문해력을 단지 공부를 잘하기 위한 수단으로만 볼 수 없습니다. 문해력 교육의 목적은 읽고 쓰는 기능을 습득하는 것을 넘어 문해력을 활용하여 인간답게 살아가는 능력과 태도를 기르는 데까지 확장될 수 있습니다.

우리는 사람들이 문해력이 무엇인지 정확히 아는 것이 필요하다고 보고, 문해력을 쉽게 이해할 수 있도록 돕기 위해 이 책을 썼습니다. 문해력에 대한 사람들의 관심은 주로 걱정으로 표출됩니다. 특히 학생이나 젊은 세대의 문해력 수준이 낮은 것에 대한 염려가 큽니다. '사흘'이나 '금일'과 같은 쉬운 단어의 뜻도 모른다, 짧은 글의 의미도 파악하지 못한다는 등의 문제를 언급하며 우려하는 것이지요. 이러한 걱정을 반영하듯 문해력을 길러 주기 위한 교수법이 계발되고 관련 교재들이 출간되고 있습니다.

문해력 부진을 '처방'하기 위한 조치들이 유용하고 필요하기는 하지만, 그에 앞서 문해력이 무엇이고, 문해력을 왜 길러야 하고, 문해력을 길러서 우리가 무엇을 하고, 또 할 수 있는지를 아는 것이 중요합니다. 문해력의 의미와 가치를 온전히 이해할 때 사람들은 문해력을 왜 굳이 학습하고 계발해야 하는지 납득할 수 있고, 나아가 독자와 필자로서 삶의 다양한 장면에서 문해력을 능동적이고 효과적으로 사용할 수 있기 때문입니다. 문해력을 교육하는 궁극적 목적은 독자와 필자로서 문해력을 이해하고 이를 기반으로 세상을 살아가는 힘을 길러 주기 위한 데에 있습니다. 그러려면 사람들이 문해력이 무엇이고 독자와 필자는 무엇을 하는 사람인지를 이해해야 합니다.

이 책은 총 6강으로 구성되었습니다. 이 책 1, 2강에 걸쳐 '문해력은 무엇일까?' '문해력, 왜 중요한가?'라는 질문을 제시하고, 문해력의 개념과 가치 및 필요성을 쉽고 다양한 예를 들면서 설명했습니다. 문해력을 계발하는 데 필요한 원리나 방법적 지식은 3, 4강에서 제시했습니다. '독해력을 기르는 방법은 무엇인가?'와 '작문력을 기르는 방법은 무엇인가?'라는 질문에 실제적이고 효과적인 방법을 선별하여 안내했습니다. 5강에서는 '문해력의 핵심, 어휘력을 어떻게 기를까?'라는 질문을 통해 문해력 측면에서 어휘의 중요성을 살피고 어휘력을 계발하기 위한 다양한 방법을 제시했습니다. 디지털 세상이 되면서 문해력에도 큰 변화가 일어났습니다. 그래서 6강에서는 '디지털 미디어 문해력은 어떻게 기를 수 있을까?'라는 질문을 제기하고 디지털 세상에서 문해력이 어떻게 변화했는지를 살피고 디지털 미디어 문해력을 계발하는 구체적인 방법을 설명했습니다.

이 책은 본래 청소년 독자를 염두에 두고 썼습니다. 청소년기는 문해력이 가장 크게 확장되는 시기이자, 청소년 스스로 문해력에 대한 갈증을 많이 느끼는 시기이기도 합니다. 이런 청소년들에게 문해력에 대한 가장 기본적이고 핵심적인 이야기를 전달하고자 했습니다. 그래서 청소년 독자에게 익숙한 사례를 많이 들었고, 최대한 쉽고 재미있게 쓰려 했습니다. 마치 독자 앞에서 강의하는 것처럼 구어체를 사용하기도 했습니다.

청소년들이 문해력을 제대로 향상시키려면 청소년과 가까이 있는 어른들, 특히 교사와 부모들의 도움이 필요할 것입니다. 그래서 책을 쓰면서 청소년들과 함께 할 어른들도 계속 염두에 두었습니다. 청소년을 가장 중심에 두고 썼지만, 어른들도 함께 읽고 문해력에 대한 이해를 더욱 깊이 하기를 희망합니다.

이 책이 나오기까지 도와주신 분들께 감사드립니다. 제날짜에 원고를 보내지 않는 게으른 저자들 때문에 마음고생을 하면서도 늘 밝게 웃으며 꼼꼼하게 작업해 주신 노르웨이숲의 김정희 대표님이 없었다면 이 책은 출간되기 어려웠을 겁니다. 친근하고 글 내용에 잘 어울리는 그림을 그려 주신 박혜원 선생님께도 감사의 말씀을 드립니다.

2024년 7월

정혜승 · 서수현

차례

4강

작문력을 기르는 방법은 무엇인가?

5강

문해력의 핵심, 어휘력을 어떻게 기를까?

6강

디지털 미디어 문해력은 어떻게 기를 수 있을까?

일러두기

인용문의 출처는 인용문 하단에 넣는 것을 원칙으로 했으나, 경우에 따라 미주로 처리하기도 했다. 별도의 출처가 기재되지 않은 인용문은 저자가 작성했다.

1강

문해력은 무엇일까?

1

문해력의 개념

요즘 가정이나 학교는 물론 방송에서 문해력이란 말을 많이 들어 보았을 거예요. 문해력이 뭐길래 이처럼 많은 사람이 관심을 갖는 걸까요?

문해력은 글을 읽는 능력 아니냐고요? 아닙니다. 문해력은 글을 읽고 이해하는 '독해력'과는 달라요. 문해력은 누군가 써 놓은 글을 이해하는 능력만이 아니라 자기 생각과 감정을 표현하는 생산적 능력도 포함하지요. 문해력은 '글을 읽고 쓰는 능력'을 뜻합니다. 이를 그림으로는 다음과 같이 간단히 나타낼 수 있습니다.

다음 그림에서 보듯 문해력은 글을 읽는 '독해력'과 글을 쓰는 '작문력'이 합쳐진 개념입니다. 우리가 문해력을 독해력 중심으로 이해하는 것은 글을 읽을 수 있어야 쓸 수 있다는 생각 즉, 쓰기에 앞서 읽기 능력을 먼저 갖춰야 한다는 생각 때문이겠지요. 이런 생각이 틀린

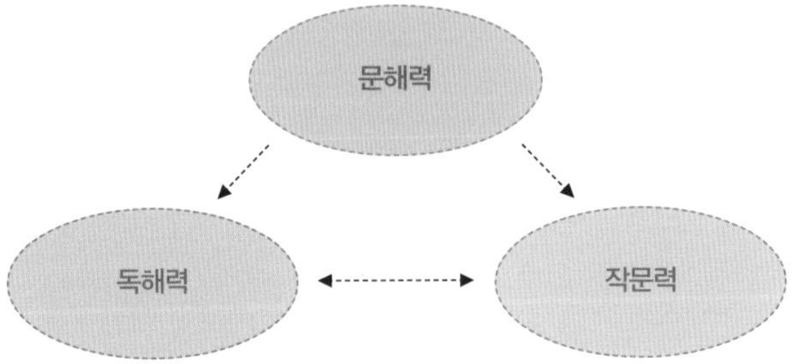

문해력 개념도

것은 아니지만 읽기 능력과 쓰기 능력은 서로 영향을 미쳐요.

위의 그림을 잘 보면 독해력과 작문력 사이에 화살표가 양방향이지요? 문해력을 구성하는 두 능력이 서로 관련이 깊기 때문입니다. 즉, 잘 읽고 많이 읽는 것은 글을 잘 쓰는 데에 영향을 미치며, 그 반대도 마찬가지예요. 또한 글을 써야 읽을 일도 생기겠죠?

능동적인 의미 구성 능력, 독해력

그럼 독해력과 작문력은 정확히 뭘까요? 먼저 독해력은 '글을 읽는 능력'으로 간단히 정의할 수 있습니다. 말은 쉽지만 글을 읽는 능력이란 좀 복잡해요. 글을 읽으려면 해야 할 일이 많기 때문입니다. 글을 읽는다는 것은 쓰인 글자를 정확하게 소리 내어 읽는 수준을 넘어 의미를 파악하고, 쓰인 것을 바탕으로 쓰이지 않은 내용을 짐작하며, 그 내용이 타당하고 가치 있는지를 판단하는 등 여러 가지 인지적 활동을 하는 것입니다. 그 과정에서 자신이 알고 있는 지식이나 갖고 있는 경험을 적극적으로 활용하기도 하고요. 그래서 독해력은 능동적인 의미 구성 능력이라고 정의됩니다. 다음 글을 볼까요?

사람은 책을 만들고 책은 사람을 만든다.

어느 서점 앞에 이런 문장이 쓰여 있더군요. 이 글이 무엇을 말하고자 하는지 쉽게 짐작할 수 있지요? 책이 사람을 사람답게 만드는 데 큰 역할을 하므로 책을 읽어야 한다는 뜻이지요. 그런데 문장을 있는 그대로 보면 사실 좀 이상해요. '책'이 '사람'을 만든다니요? 그런 '책'이나 '사람'은 세상에 없어요. 그런 의미는 국어사전에도 나와 있지 않고요. 그런데 여러분은 어떻게 이 짧은 글을 쉽게 이해했나요? 그것은 여러분 즉, 독자가 책의 기능에 대한 지식과, 인간이 인간답게 사는 것과 독서의 관계에 대한 경험을 살려 '의미'를 '만들어 내었기' 때문입니다.

세상의 모든 글은 이 글처럼 모든 것을 시시콜콜 다 말하지 않습니다. 구구절절 다 쓰게 되면 글이 하염없이 길어지니 독자는 지루해서 읽고 싶지 않을 겁니다. 그래서 글에는 의미의 구멍이 숭숭 뚫려 있지요. 이런 글에 의미를 채워 넣는 것은 독자입니다. 독자는 쓰여 있는 것을 바탕으로 자신의 지식이나 경험, 글이 쓰이고 소통되는 상황 등을 고려하여 의미를 만들어 냅니다. 그래서 이러한 읽기를 해내는 능력인 독해력을 '능동적 의미 구성 능력'으로 정의하는 것이지요. 이는 읽기가 단지 누군가 표현해 놓은 글을 수동적으로 받아들이기만 하는 것이 아니라 독자가 적극적으로 의미를 만들어 내는 행위임을 뜻합니다.

작문력, 문제 해결 능력

그렇다면 작문력은 무엇일까요? 작문력은 '글을 쓰는 능력'으로 정의됩니다. 독해력과 마찬가지로 글을 쓸 때 우리는 여러 가지 능력을 복합적으로 사용합니다. 여러분의 쓰기 경험을 되돌아보아도 여러 가지를 할 줄 알아야 글을 잘 쓸 수 있었을 거예요. 필자가 해야 할 일이 많다는 뜻이지요.

필자는 글이라는 의사소통의 매개체를 생산하는 의미 구성자입니다. 필자는 독자와 소통하는 매개체인 글을 생산하는 과정에서 의미를 구성하면서 어떤 목적으로, 어떤 내용의 글을, 누구를 대상으로 쓸지 계획하고, 자신의 기존 지식이나 경험을 새롭게 조사한 것과 결합하여 내용을 조직해 표현하며, 계획대로 글이 잘 쓰였는지를 점검하고 조정하는 일련의 활동을 잘 수행해 내야 합니다.

그런데 이런 쓰기 과정은 뜻대로 되지 않을 때가 많아요. 그래서 작문력은 글을 생산하며 의미를 구성하는 능력이자, 글을 쓰는 과정에서 발생하는 문제를 해결하는 능력이기도 합니다. 물론 독해력도 읽기 과정에서 발생하는 여러 가지 문제를 해결하는 능력이에요. 글을 읽다 보면 모르는 낱말이 많거나, 읽어도 무엇을 말하고자 하는지 파악하기 어렵거나, 읽어야 하는데 지루해서 그만 읽고 싶어지는 등의 문제가 생기지요. 독해를 할 때도 이런 문제를 해결해야 해요.

그런데 글을 쓸 때는 읽을 때만큼이나, 아니 그보다 더 많은 문제에 맞닥트릴 가능성이 높습니다. 무언가를 쓰려면 그 무언가에 관해 알아야 하는데, 아는 것이 부족하여 쓸 내용이 마땅하지 않은 경우, 어떤 내용을 무엇부터, 어디서부터 써야 할지 막연한 경우, 쓸거리나 하고 싶은 말이 있어도 그것을 표현할 알맞은 단어나 표현이 떠오르지 않는 경우, 어떻게 써야 읽는 이가 쉽게 이해하고 나의 생각이나 의견을 받아들일지 알기 어려운 경우 등등 글을 쓰는 과정에서 해결해야 하는 문제는 한두 가지가 아닙니다. 글을 쓴다는 것은 결국 이러한 다양한 문제를 해결해 글을 완성해 내는 것이지요. 작문력이 '문제 해결 능력'으로 정의되는 까닭입니다.

읽기와 쓰기가 왜 필요할까?

그렇다면 이렇게 쉽지 않은 글 읽기와 쓰기를 왜 해야 할까요? 왜 문해력이 필요하다고 하는 걸까요? 가장 중요한 이유는 소통을 해야 하기 때문입니다. 다른 사람과 공동체를 이루면서 원활하게 살아가기 위해서는 정보를 얻어야 하고, 서로의 생각이나 의견, 감정을 잘 알아야 합니다. 사람들은 글을 써서 자신의 생각이나 의견, 감정, 지식, 정보를 표현, 전달하고, 글을 읽고 이해함으로써 다른 사람들의 생각이나 의견, 감정 등을 알게 됩니다. 또 삶을 살아가거나 삶에서 부딪치는 문제를 해결하기 위해서도 글을 읽고 씁니다. 예를 들어 공부를 한다고 할 때 여러분은 실제로 어떤 활동을 하나요? 교재나 학습 자료를 읽고 문제에 답을 적고 내 생각을 쓰거나, 선생님의 설명을 들으면서 메모를 하지요. 공부란 대부분 읽고 쓰는 활동입니다. 공부만이 아니라 일상생활에서도 읽기와 쓰기는 가장 기본적인 인간의 활동입니다.

문해력은 신문이나 책, 제품 사용 설명서 등을 읽고 일기나 편지를 쓰는 등 우리가 하는 모든 읽기와 쓰기 활동에 필요한 능력을 아우르는 말입니다. 우리에게 꼭 필요한 능력이지요. 또 읽고 쓰겠다고 딱히 의도하지 않아도 주변에 흔히 보이는 문자와 글, 예를 들어 가게의 간판, 버스에 붙은 광고 문구 등을 읽을 때도 있죠? 이 역시 모두 문해력이 있기에 가능한 활동입니다. 문해력이 없거나 부족하면 이러한 모든 활동을 원활하게 할 수 없기에 문해력을 강조하는 것이지요.

>> **핵심 정리** <<

- 문해력은 '글을 읽고 쓰는 능력'을 뜻한다. 문해력에는 글을 이해하는 독해력과 자기 생각과 감정을 표현하는 작문력이 모두 포함된다.
- "글을 읽는 능력'인 독해력은 능동적인 의미 구성 능력이며, 작문력은 글을 생산하는 '의미 구성 능력'이자, 글을 쓰는 과정에서 필요한 '문제 해결 능력'이기도 하다.
- 일상생활에서 읽기와 쓰기는 가장 기본적인 인간의 활동이며, 이러한 점에서 문해력은 꼭 필요하다.

2

문해력의 특성

문해력은 인간이 인간답게 살아가는 데 없어서는 안 될 필수적인 능력입니다. 이런 문해력에는 몇 가지 중요한 특성이 있습니다. 그 특성은 말로 소통할 때와의 차이를 생각해 보면 명확하게 알 수 있어요. 의사소통 능력으로서 문해력은 말로 하는 소통을 보완하기 위해 발전되어 왔습니다. 그렇다면 듣기와 말하기 형태로 이루어지는 음성 언어 소통과 글을 통한 소통은 어떤 다른 점이 있을까요?

문자, 말의 한계를 극복하다

먼저 근본적으로 문자는 왜 만들어졌을까를 생각해 봅시다. 문자는 말이 지닌 시공간적 한계에 대한 대안으로 만들어졌습니다. 말 즉, 음성 언어는 일종의 소리라서 화자가 말을 하자마자 공중으로 흩어

수메르인들이 만든 쐐기 문자

져 사라집니다. 또 그 소리가 들리는 공간 안의 사람들과만 소통이 가능합니다. 요즘에야 녹음을 해서 말소리를 저장할 수 있다지만 이런 기기가 없던 시절에는 소통 범위가 매우 좁을 수밖에 없었습니다. 특히 중요한 계약이나 약속을 했을 때 그것에 대한 서로의 기억이 다르다면 누가 옳은지를 판단하기 어려웠을 겁니다.

위 사진은 오늘날 이라크 지역에 살았던 수메르인들이 쐐기 문자로 기록한 글입니다. 쐐기 문자는 그 생김새가 물건의 틈에 끼워 물건을 쪼개거나 밀어 올리는 데 사용되는, 끝으로 갈수록 가늘어지는 도구인 쐐기를 닮아 쐐기 문자라고 부르는데, 기원전 3000년경 만들어진 인류 최초의 문자라고 합니다. 이 문자로 수메르인들은 밀 생산량도 적고 계약서도 작성했어요. 입에서 꺼내자마자 순식간에 사라져 버리는 말소리를 붙잡아 '기록'할 도구를 만들어 사용한 것이지요. 이처럼 문자는 음성 언어가 지닌 여러 한계를 보완하기 위해 만들어졌고, 인간은 이러한 문자를 발전시켜 소통을 해 왔습니다.

문자의 발명과 그것을 활용한 소통 덕분에 사람들은 말이 지닌 시

공간의 제약과 기억력의 한계를 극복할 수 있었고, 나아가 획득한 정보를 기록으로 남겨 후대에 물려줌으로써 지식을 축적할 수 있었어요. 또한 보다 높은 수준의 사고도 할 수 있었지요. 문자로 기록과 전달을 할 수 있게 되면서 정보를 잊지 않으려는 인지적 수고도 덜게 됩니다. 암기의 부담에서 자유로워진 것이지요.

인간의 뇌는 용량에 제한이 있어서 한 번에 여러 가지 일을 수행하기 어렵습니다. 전화번호를 기억해야 하는데 메모를 할 수 없는 상황을 떠올려 보면 이해가 쉬울 겁니다. 그 번호를 잊지 않으려고 외우고 있을 때는 다른 생각을 할 여유가 없지요? 문자는 이런 기억의 부담을 줄여 주었어요. 그 덕분에 인간은 단지 정보를 기억하는 것을 넘어서 해석, 추론, 비판, 창의와 같은 보다 높은 수준의 인지 능력을 사용하고 발달시킬 수 있었지요. 문명을 꽃피우고 더 인간다운 삶을 살 수 있게 된 거예요.

시대와 영향을 주고받다

문해력은 문화적, 사회적, 경제적, 역사적, 정치적인 영향을 받는 특성이 있어요. 책을 예로 들어 볼까요? 책은 어느 특정한 필자가 썼지만, 그렇다고 해서 그 책을 그 사람의 오롯한 창작물로 볼 수는 없습니다. 세상의 모든 책은 필자가 사는 세계의 여러 상황이 반영되어 생산됩니다. 또 독자가 책을 선택하고 읽는 데에도 개인의 독서 취향만이 아니라 시대의 다양한 상황이 영향을 미칩니다. 시대별 베스트셀러의 변화를 보면 이러한 특징을 쉽게 알 수 있습니다. 예컨대 민주화에 대한 관심이 지대했던 우리나라 1980년대에는 시민의 저항 정신을 표현하는 김지하 시인의 『타는 목마름으로』와 같은 시집이나, 권력 문제를 드러내는 이문열 작가의 『우리들의 일그러진 영웅』과 같은 소설이 베스트셀러 목록에 올랐습니다. 국가 경제가 크게 성장하는 1990년대에 들어서는 정치적인 성격의 책보다는 김우중 전 대우 그룹 회장의 『세계는 넓고 할 일은 많다』나, 미국 대학의 경영학 교수인 스티븐 코비의 『성공하는 사람들의 일곱 가지 습관』과 같은 개인의 능력 계발과 관련된 책들이 베스트셀러가 되었고요. 이는 우리 사회의 시대 환경과 상황이 필자의 쓰기와 독자의 읽기에 영향을 미치고 있음을 보여 줍니다.

반대로 읽기와 쓰기가 시대 상황에 영향을 미치기도 해요. 필자가 글을 쓰는 이유를 생각해 볼까요? 필자는 글을 통해 독자에게 생각과 의견, 감정을 전달하고자 합니다. 이를 비유적으로 표현하면 필자는 자신의 '목소리'를 독자에게 들려주고 싶어 글을 쓴다고 할 수 있습니다. 그리고 필자의 목소리는 그 글을 읽은 사람들의 생각과 행동에 영향을 미치고, 나아가 사회에 여러 영향을 끼치거나 변화를 만들어 내기도 합니다.

읽기와 쓰기가 큰 영향력을 갖기에 그것을 막으려는 시도도 있었습니다. 금서를 지정하는 것이 대표적인 예이지요. 조선 시대 실학자

『젊은 베르테르의 슬픔』(1774년 초판본)과 『열하일기』(원본)

인 연암 박지원의 『열하일기』는 표현이 고상하지 않고 당대 지배층을 비판하였다는 이유로, 독일 작가 괴테의 『젊은 베르테르의 슬픔』은 자살을 미화할 위험이 있어 종교적 가치에 위배된다는 이유로 금서가 되었습니다. 시민의 자유로운 읽기와 쓰기 활동을 통제하는 일이 다시 일어나서는 안 되지만, 금서는 책 읽기와 쓰기가 사람들과 시대 상황에 큰 영향을 미친다는 것을 보여 주는 사례입니다.

후천적 학습이 중요해

문해력은 '자연스럽지 않다'는 특성도 있습니다. 문해력은 태어날 때부터 저절로 가지게 되는 것이 아니라, 학습을 통해 익혀서 가지게 되는 후천적 능력입니다. 매리언 울프라는 미국의 인지 신경학자는 『책 읽는 뇌』라는 책에서 인간은 '읽도록' 진화하지 않았다고 말했어요. 사람의 뇌는 원래 읽기 능력을 가지고 있지 않았다는 뜻입니다. 그만큼 문해력은 후천적 학습이 중요하다는 뜻이지요.

이는 문해력이 음성 언어 즉, 말과 근본적으로 다른 점이에요. 말은 특별한 장애가 없는 한 따로 배우지 않아도 대부분 저절로 터득해 사용할 수 있죠. 하지만 문해력은 의도적이고 체계적으로 배워야 사용할 수 있어요. 학교에서 학생들의 문해력을 길러 주기 위한 교육을 계속하는 이유가 여기에 있지요. 문해력을 키우려면 많은 시간과 비용, 노력이 필요합니다. 맞춤법에 맞게, 어법에 맞게 글을 쓰기 위해 여러분이 그간 들인 노력을 생각해 보면 문해력이 쉽게 길러지지 않는다는 것이 마음에 와닿지요?

글로 소통하는 것의 어려움

또한 문자 언어로 소통할 때는 보통 필자와 독자가 서로 대면하지 않은 채로 해요. 그러다 보니 생각하지 못했던 어려움이나 문제가 발생하기도 합니다. 말로 소통할 때는 말하는 사람과 듣는 사람이 대체로 한자리에 같이 있지요. 대화 내용이나 의도, 상대의 지식 수준, 생각, 의견, 감정 등을 공유하고 이해하기가 쉬워요. 하지만 문자 언어로 소통할 때는 그렇지 않기 때문에 애써 노력하지 않으면 소통이 원활하게 이루어지지 않을 가능성이 높아집니다.

독자는 필자가 어떤 의도를 가지고 어떤 내용을 표현하고 싶은지 정확하게 파악하는 것이 쉽지 않고, 필자는 독자가 이해하기 쉽게, 그리고 관심을 가지고 끝까지 읽는 글을 쓰기가 어렵습니다. 말로 대화할 때는 상대의 말이 이해되지 않으면 그 자리에서 바로 질문을 하거나 다시 말해 달라고 요청할 수 있지만, 책을 읽을 때는 그럴 수가 없지요.

또 말로 할 때는 준언어적 표현이나 비언어적 표현을 동원해 소통을 더 쉽고 효과적으로 할 수 있는 데 비하여 글로 할 때는 그러한 수단이 제한적이라는 점도 어려움을 낳습니다. 말은 어조, 높낮이, 강약, 길이, 쉼 등과 같은 준언어적 표현이나 표정, 눈 맞춤, 몸동작 등과 같은 비언어적 표현을 통해 화자가 말하고자 하는 바를 효과적으로 전달할 수 있습니다. 문자 언어에도 느낌표, 쉼표, 마침표 등과 같은 부호가 있긴 하지만 그 정도로는 말소리에 붙어 다양하게 전달되는 준언어적 표현을 다 반영할 수 없지요. 최근에는 이모티콘으로 감정이나 생각을 보다 실감 나게 전달하기도 하지만, 여전히 말에 비할 바는 못 됩니다.

>> 핵심 정리 <<

- 문자의 발명으로 인간은 정보를 기억하는 것을 넘어서 해석, 추론, 비판, 창의와 같은 보다 높은 수준의 인지 능력을 사용하고 발달시킬 수 있었다.
- 읽기와 쓰기는 문화적, 사회적, 경제적, 역사적, 정치적인 상황과 서로 영향을 주고받는다.
- 말은 특별한 장애가 없는 한 따로 배우지 않아도 대부분 저절로 익혀 사용할 수 있다. 그러나 읽기와 쓰기는 의도적이고 체계적으로 배워야 사용할 수 있다.
- 필자와 독자는 거의 대면하지 않기 때문에, 소통을 하려면 필자와 독자 모두 노력이 필요하다.

3

문해력의 변화

앞서 문해력을 '글을 읽고 쓰는 능력'이라고 했지요. 그런데 요즘에는 읽고 쓰는 대상인 글이 과거와 크게 달라져서 문해력의 범위도 많이 확장되고 있습니다. 과거에 사람들이 읽고 썼던 글은 문자 중심이었지요. 그러나 요즘 글에는 문자만이 아니라 표, 그래프, 사진, 그림, 소리, 동영상 등 다양한 의미 표현 수단이 사용됩니다. 이를 **복합 양식 텍스트**라고 부르기도 합니다. 이제 문자를 다루는 능력만 가져서는 글을 온전히 읽거나 쓰기 어렵게 되었어요. 글을 쓰려면 문자만이 아니라 다양한 의미 표현 수단을 알아야 해요. 그래서 최근에는 문해력의 개념이 '문자를 포함하여 도표, 그림, 소리, 동영상 등 다양한 형식의 기호로 이루어진 글을

복합 양식 텍스트

디지털 매체가 발달하게 되면서 더 활발하게 사용되는 용어로, 말 그대로 문자, 소리, 시각 이미지, 동영상 등 다양한 매체 양식의 혼합으로 이루어진 텍스트를 가리킨다. 복합 양식 텍스트는 인쇄물에 국한되지 않고 전자책, 웹 사이트, 플래시 등 다양한 매체에 기반하여 소통된다.

읽고 쓰는 능력'으로 확장되었습니다.[1] 문자의 읽기와 쓰기 중심에서, 문자를 포함한 다양한 기호의 읽고 쓰기로 확대된 것이지요.

다양한 의미 표현 수단

아래 그림은 비슷한 내용을 전달하는 안내문이 시대에 따라 얼마나 달라질 수 있는지를 보여줍니다. 대학생들은 친교를 도모하고 학과 구성원 간 단합을 위하여 일 년에 한 번 또는 학기마다 엠티를 가는데, 일반적으로 안내문을 만들어 엠티에 학생들이 참여하도록 정보를 제공하고 독려합니다. 두 안내문 역시 엠티 일정을 안내하고 참여를 권유한다는 점에서는 공통적입니다. 전달하는 내용은 크게 다르지 않다는 뜻이지요. 그러나 두 안내문이 내용을 표현하는 방식은 매우 다릅니다. 1990년대 초반에 흔히 볼 수 있던 왼쪽의 안내문이 문자를 중심

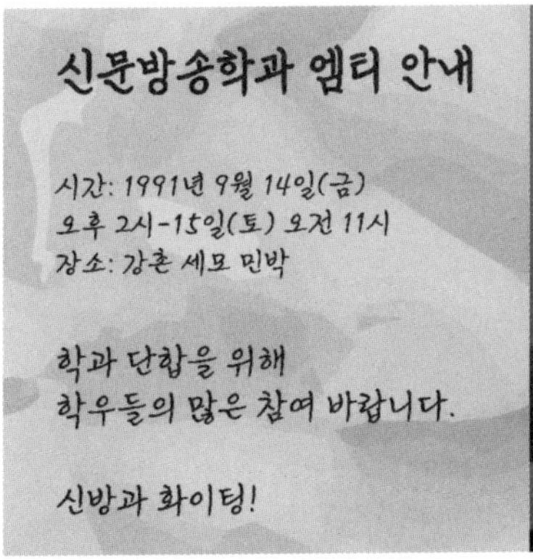

과거의 안내문

오늘날의 안내문

으로 내용을 표현하였다면 최근에 만들어진 오른쪽의 안내문은 문자를 포함하여 다양한 이미지를 사용하고 있습니다. 강촌이라는 장소의 특성을 잘 드러내기 위하여 밤하늘이 반짝이는 강변을 배경으로 제시한다든가, 학과 단합을 위한 참여 권유를 서로 어깨동무를 하면서 학과 이름을 즐겁게 외치는 모습으로 표현하는 것이지요. 의미를 표현하는 방식의 큰 차이를 알 수 있습니다. 그런데 이미지의 사용은 단지 표현 방식의 차이만이 아니라 내용의 차이를 만들어 내기도 합니다. 이미지를 적절하게 사용하는 오른쪽 안내문은 문자 중심의 왼쪽 안내문이 표현하지 않는 다른 의미-엠티 장소의 분위기, 엠티라는 공동체 행사의 즐거움과 화합의 효과 등-를 표현하기도 합니다. 의미 표현 수단이 달라짐으로써 내용과 의미에 변화를 줄 수 있는 것입니다.

의미 표현 수단의 변화는 그림, 도표, 사진, 소리, 동영상 등을 사용하는 것에 머물지 않습니다. 문자 자체를 사용하는 방식이 달라지기도 해요. 문자 자체가 마치 하나의 이미지처럼 분위기나 어조, 태도 등을 표현하는 데 활용되기도 합니다. 대표적으로 글꼴을 활용한 경우를 예로 들 수 있습니다. 오른쪽 두 그림을 볼까요?

이 두 그림은 글꼴을 활용해 필자의 마음이나 태도, 글의 상황이나 분위기 등을 표현한 사례입니다. 왼쪽 그림의 글은 궁서체에 대한 사람들의 인식을 활용하여 자신이 '진지하다'는 것을 재미있게 표현하고 있습니다. 사람들이 궁서체는 정갈하고 단정하다고 생각한다는 점을 활용한 것이지요. 오른쪽 그림은 '독도체'를 사용한 글입니다.

독도체는 윤디자인연구소에서 만든 글꼴로, 우뚝 솟은 독도의 모습을 형상화했어요. 필자는 독도체를 선택함으로써 독도는 우리 땅이라는 글 내용을 시각적으로 뒷받침하고, 독도에 대한 자신의 메시지를 보다 효과적으로 전달하고자 하였습니다.

◆ 글의 모습이 변화하는 이유 ◆

그렇다면 글은 왜 과거와 다른 모습으로 변화하는 것일까요? 매체와 정보 기술이 발전하였기 때문이지요. 매체와 정보 기술의 발달로 인간은 편리하고 빠른 소통 수단을 갖게 되었고 나아가 소통 방식에도 큰 변화가 나타나고 있습니다. 앞서 든 예에서처럼 컴퓨터를 활용한 편집 기술로 문자만이 아니라 다양한 의미 표현 수단을 자유롭게 선택해 편하게 글을 쓸 수 있습니다. 휴대 전화를 떠올려 보면 더 이해가 쉬울 거예요. 휴대 전화를 사용하면 양손도 아니고 한 손으로 문자를 입력하거나, 다양한 이모티콘 중 원하는 것을 선택하거나, 휴대 전화로 검색한 자료를 활용해 손쉽게 글을 쓸 수 있습니다. 매체와 정보 기술의 발달은 필자가 글을 쓰는 데 필요한 도구나 자원의 선택지를 크게 늘려 주었고, 이에 따라 글이 많이 바뀐 것이지요.

매체와 정보 기술은 글을 유통하는 수단에도 변화를 가져왔어요. 이제는 컴퓨터나 휴대 전화로 언제, 어디서든 손쉽게 글을 전달하고 읽을 수 있게 되었지요. 소통 매체가 다양해짐에 따라 필자는 자신이 생산한 글을 어떤 매체와 통로로 전달할지 선택할 수 있습니다. 예전처럼 종이에 써서 직접 전달하거나 우편으로 보낼 수도 있고, 이메일로 보낼 수도 있고, 문자 메시지나 소셜 미디어를 이용할 수도 있습니다. 독자 역시 마찬가지지요. 서점이나 도서관에 직접 가지 않더라도 컴퓨터나 휴대 전화로 빠르게 원하는 글을 검색하여 읽을 수 있게 되었습니다.

문해력에도 필요한 변화

글과, 글이 소통되는 매체의 변화는 문해력에도 변화를 요구합니다. 글을 생산하는 데 필요한 매체와 기술이 다양해진 만큼 필자에게는 선택지가 많아지고 그에 따라 고려할 사항도 늘어나게 된 것이지요. 독자 역시 문자를 포함한 다양한 의미 표현 수단을 이해하고, 글에서 그 표현들이 어떤 내용과 효과가 있는지, 어떤 의도로 사용되었으며, 효과적이고 믿을 만한지를 판단하는 능력이 필요해졌어요. 또한 누구나 손쉽게 글을 쓰고 공유할 수 있게 됨에 따라 수많은 글 속에서 자신의 목적과 필요에 맞는 글을 효과적으로 선택하고, 글의 신뢰성과 타당성을 꼼꼼하게 판단하면서 읽어야 할 필요성이 높아졌습니다.

이처럼 매체와 정보 기술의 발전은 글과 그 글을 다루는 문해력에 변화를 초래하였습니다. 물론 문자 중심의 글을 다루는 문해력과 변화하는 매체 환경에서의 문해력 간에는 높은 유사성과 관련성이 존재합니다. 과거에 비해서는 비중이 줄었지만 매체를 활용하여 생산되고 소통되는 글 역시 여전히 문자를 사용하기 때문이지요. 이 말은 문자 중심의 글을 다루는 문해력이 뒷받침되지 않으면 매체를 활용한 새로운 형태의 글을 다루는 문해력을 가지기 어렵다는 뜻입니다. 변화하는 시대에 부응하는 문해력과 여전히 기본이 되는 문해력을 두루 갖춰야 하는 이유입니다.

>> 핵심 정리 <<

- 시대의 변화에 따라 글에는 문자 이외에 표, 그래프, 사진, 그림, 소리, 동영상 등 다양한 의미 표현 수단까지 포함되게 되었다.
- 문해력의 개념이 '글을 읽고 쓰는 능력'에서 '문자를 포함하여 도표, 그림, 소리, 동영상 등 다양한 형식의 기호로 이루어진 글을 읽고 쓰는 능력'으로 확장되었다.
- 매체나 정보 기술은 글을 유통하는 수단에도 변화를 가져와 독자 역시 문자를 포함한 다양한 의미 표현 수단을 이해하고, 그것이 효과적이고 믿을 만한지를 판단하는 능력이 필요해졌다.

징검다리

세계의 멋진 도서관들

우리나라는 물론 세계 여러 나라에는 멋지고 아름다운 도서관, 도서관 같지 않은 특이한 도서관이 많이 있습니다. 이런 도서관을 가 보는 것은 재미있고 좋은 경험이 될 겁니다. 언젠가 한 번쯤 가 볼 만한 도서관을 추천합니다.

프랑스국립도서관

1368년 프랑스 파리에 설립되었으며, 도서 진열대 길이를 합치면 약 395킬로미터에 달할 정도로 방대한 서적을 소장하고 있다. 해마다 다양한 콘서트, 문화 행사, 전시회, 토론회 등을 개최한다. 현존하는, 세계에서 가장 오래된 금속 활자본인 우리나라의 『직지심체요절』을 소장하고 있다.

미국 캔자스시립도서관

1873년 미국 미주리주 캔자스시에 세워진 도서관으로, 외벽을 거대한 책처럼 디자인한 독특한 건축으로 유명하다. 캔자스시는 설문 조사로 시민들이 좋아하는 책을 선정하여 『반지의 제왕』, 『투명 인간』, 『도덕경』 등을 조형물로 만들었다고 한다. 유명 작가 강연, 어린이 대상 월간 잡지 발행 등 다양한 행사를 벌이고 있다.

이집트 알렉산드리아도서관

2002년 이집트 알렉산드리아에 설립되었다. 고대에 있던, 세계 지식의 중심지였던 알렉산드리아도서관을 기념하여 지어진, 일명 신(新)알렉산드리아도서관이다. 해시계처럼 생긴 건물 구조와 벽에 새긴 장식 등 많은 곳에 상징적인 의미를 부여했다. 벽에 세계의 여러 언어를 새겼는데 이 중에는 한글 '세월, 여름, 강'도 있다.

중국 톈진빈하이도서관

2017년 중국 톈진시에 세워진 도서관으로, 바깥에서 볼 때 도서관이 거대한 눈동자로 보여 '빈하이의 눈'이라는 별명으로도 불린다. 도서관 안에 들어서면 과학 영화에서나 볼 수 있을 법한 공간이 펼쳐진다. 1층부터 3층 높이의 천장까지 이어진 서가는 자유롭게 책을 읽기에 편안한 공간을 제공하고 있다.

한국 국립어린이청소년도서관

2006년 서울에 설립된 도서관으로 어린이 자료실, 꿈 창작실, 희망 창작실, 연구 자료실로 구성되어 있다. 자아 존중감, 생태계 보전 등 매달 주제를 선정하여 드론, 증강 현실, 혼합 현실 등을 활용한 독서 활동을 진행한다. 메이커 공간인 미래 꿈 희망 창작소에서 도서관형 창작 프로그램도 운영한다. 책 속 주인공이 되어 보는 체험형 동화 구연, 다국어 동화 구연 등 다양한 프로그램을 운영하고 있다.

한국 지혜의숲

2014년 경기도 파주에 설립된 문화 공간으로, 천장까지 이어진 책과 책장이 아름답기로 유명하다. 전문가와 출판사가 기증한 많은 도서를 비치해 놓았다. 어린이 책 잔치, 인문 학당, 북 마켓 등 다양한 행사를 개최하며, 방문자에게 책을 안내하고 설명하는 자원봉사자인 권독사와 함께하는 프로그램도 운영하고 있다.

한국 의정부미술도서관, 의정부음악도서관

의정부미술도서관은 2019년에, 의정부음악도서관은 2021년에 개관했다. 이름과 같이 두 도서관은 각각 미술과 음악에 특화된 도서관이다. 미술도서관은 1층은 미술 관련 도서와 자료, 2층은 일반 도서, 3층은 체험과 창작 공간으로 구성되었으며, 다양한 프로그램이 연중 열린다. 음악도서관은 재즈, 블루스, 힙합과 같은 장르별 음악으로 특화하였으며, 입구에 들어설 때부터 들리는 음악 소리가 음악도서관임을 느끼게 한다.

한국 국립생태원 어린이생태글방

대한민국 충남 서천군의 국립생태원 안에 2014년 문을 연 도서관이다. 국립생태원은 세계의 다양한 기후에 서식하는 동식물 5400여 종을 만날 수 있는 공간인데, 어린이와 청소년에게 생태 지식을 제공해 주기 위해 도서관도 개관했다. 1만 권이 넘는 자연과학 도서를 소장하여, 생태계를 직접 체험한 뒤 관련된 책도 읽을 수 있다.

한국 별마당도서관

2017년 서울에 설립된 도서관으로 '멈춤', '비움', '채움', '기쁨'을 주제로 공간을 조성했다. 복합 문화 공간으로 작가와의 만남, 시 낭송회, 분야별 전문가 강연, 음악회 등 다양한 문화 행사를 개최한다. 복층 구조로 독서 공간 형태가 다양하며, 천장까지 이어지는 책장을 활용하여 미디어 행사도 진행한다.

2강

문해력, 왜 중요한가?

1

공부와 문해력

학생이라면 보통 공부에 대한 부담이나 성적에 대한 압박을 느끼기 마련입니다. 특히 우리나라 학생들은 다른 나라에 비해 학업 스트레스가 더 크다고 하지요. 한국청소년정책연구원이 2021년에 우리나라 초등학교 4학년부터 고등학교 3학년 학생 8718명을 대상으로 조사한 결과에 따르면, 응답한 대상 청소년의 15.9퍼센트는 현재 행복하지 않다고 답했습니다. 그 주된 요인으로는 학업 부담(40.6퍼센트)과 진로 불안(24.0퍼센트)을 꼽았고요.[1]

부모님의 행복에 자녀의 성적이 영향을 미친다는 연구 결과도 있어요. 2017년 발표된 건국대학교 전영상 교수의 연구에 따르면, 자녀의 성적이 오를 때 자녀 자신은 물론이고 부모의 행복감이 어느 정도 향상된다고 합니다.[2] 공부와 성적을 중시하는 우리나라 사회의 특성이 반영된 것이겠지요.

읽기는 공부의 다른 이름

이처럼 많은 사람을 힘들게 하는 공부란 대체 무엇일까요? 그리고 문해력은 공부와 어떤 관계가 있을까요? 국립국어원에서 펴낸 표준국어대사전에서는 공부를 "학문이나 기술을 배우고 익힘."으로 정의합니다. 학문이나 기술을 배우고 익히는 공부는 직접 체험하거나, 토의하거나, 눈으로 보거나, 실험하는 등의 경험을 통해서도 할 수 있습니다. 체험이나 토의 및 경험이 더 효과적일 때도 있지요.

그러나 여러분이 더 잘 알듯 공부는 대부분 누군가의 설명을 듣거나 책을 읽는 것으로 이루어집니다. 특히 교과서 같은 책이나 자료 읽기는 모든 공부의 기본입니다. 읽기가 되지 않으면 공부를 할 수 없다고 해도 좋을 정도지요. 공부가 곧 읽기이고 읽기가 곧 공부라고 말할 수도 있습니다. 읽어서 지식과 정보를 얻으니까요.

읽기와 공부의 높은 관련성은 학자들의 수많은 연구를 통해서도 확인됩니다. 이 말은 곧 읽기 능력이 국어 과목만이 아니라 다른 과목 성적과도 관련이 깊다는 뜻이지요. 2008년에 이루어진 한국교육과정평가원의 연구에 따르면, 읽기 점수는 우리나라 고등학교 1학년 학생의 사회 과목 성적의 49퍼센트를 예언한다고 합니다.[3] 바꿔 말해 학생들의 사회 과목 점수의 49퍼센트는 읽기 능력으로 설명할 수 있다는 것이지요. 정말 영향력이 크지요?

사회 과목은 읽을 글이 많으니까 그럴 수도 있겠다 싶다면, 수학 과목은 어떨까요? 경제협력개발기구(OECD)에서는 3년마다 만 15세 학생(우리나라는 주로 중학교 3학년)을 대상으로 읽기, 수학, 과학 성취도를 측정하는 국제학업성취도평가(PISA)를 합니다. 한국교육과정평가원이 주관한 2009년부터 2018년까지의 평가 결과를 바탕으로 읽기와 수학 점수 사이의 관련성을 분석한 연구에 따르면, 읽기와 수학 점수 간에는 매우 높은 관련성이 있습니다.[4]

아래 표를 보면 읽기 점수와 수학 점수 사이에는 최고 0.88에서 최저 0.78이라는 높은 상관이 존재합니다. 상관은 두 요소 간의 관련성을 뜻하는 통계학 용어인데, 두 요소가 완벽하게 일치할 때는 +1, 완벽하게 상반되는 관계에 있을 때는 -1, 전혀 관련이 없을 때에는 0으로 표시합니다. 즉, 상관 계수가 0.88에서 0.78이라는 것은 상관성이 매우 높다는 뜻이에요. 읽기와 수학 성취 사이에는 매우 깊은 관련이 있음을 증명하는 연구라 할 수 있습니다. 최근 수학 문제가 숫자와 같은 기호만이 아니라 문장으로 제시되는 경향이 더 커지는 만큼 앞으

		PISA 2009	PISA 2012	PISA 2015	PISA 2018
수학	상	0.45	0.62	0.36	0.44
	중	0.66	0.70	0.55	0.56
	하	0.62	0.66	0.50	0.46
	상-하	−0.17	−0.04	−0.14	−0.02
전체		0.83	0.88	0.78	0.78

읽기 점수와 수학 점수의 관련성. 표의 숫자는 읽기 점수와 수학 점수 사이의 관련성을 나타내는 상관계수이다.

로 수학 공부를 잘하는 데 읽기 능력은 더 중요해질 것입니다.

이처럼 읽기는 과목을 불문하고 공부와 관련이 깊어요. 잘 읽어야 공부를 잘할 수 있고 좋은 성적을 낼 수 있습니다. 글의 의미를 이해하고 글에서 중요하고 필요한 정보를 선택하는 읽기가 공부와 크게 다르지 않기 때문입니다. 글을 정확하고 빠르게 읽는 능력이 공부의 핵심이라는 것이지요.

공부는 많은 글을 읽은 뒤 중요한 것을 선택하여 머릿속에 기억하고 자기화하여 다른 상황에 적용하는 활동입니다. 그런데 천재가 아닌 이상 글 속의 많은 정보를 다 기억할 수는 없습니다. 중요한 정보만 기억하기도 벅차지요. 공부하면서 중요한 내용, 자신에게 필요한 내용을 선별해야 하는 이유입니다. 공부를 효과적으로 하려면 글을 정확하게 읽고 판단하며 읽는 능력이 필수적입니다. 읽기는 어쩌면 공부의 다른 이름일지도 모릅니다.

효과적인 공부법, 쓰기

그렇다면 쓰기는 어떨까요? 앞서 문해력은 독해력과 작문력으로 이루어진다고 했는데, 읽기와 달리 쓰기 능력은 공부와 무관할까요? 그렇지 않습니다.

먼저 쓰기는 효과적인 공부법입니다. 앞서 공부는 정보와 지식을 받아들여 '자기화'하는 것이라고 설명했습니다. 공부에서 자기화란 외부로부터 수용한 정보와 지식을 자신의 경험이나 기존 지식과 결합하여 스키마라고 불리는 머릿속 인지 구조를 확장하거나 조절하는 것입니다. 새로운 정보나 지식을 자기화하는 대표적인 방법이 쓰기입니다. 읽기를 통해 정보와 지식을 받아들이고, 쓰기를 통해 '자기화'함으로써 공부가 온전하게 이루어질 수 있습니다. 교과서나 여러 자료를 읽거나 선생님의 설명을 듣고 이해한 것을 쓰는 것은 자기 밖의 정보와 지식을 자기 언어로 쓰는 과정을 통해 자신의 것으로 만드는 효과적인 방법입니다. 선생님들이 수업 시간 말미에 또는 과제로 그 시간에 배운 내용을 '학습 일지'에 쓰라고 하시는 것도 쓰기를 통해 학습을 자기화할 기회를 갖도록 하기 위해서입니다.

쓰기 능력은 성적에도 큰 영향을 미칩니다. 쓰기는 효율적인 공부법이면서 동시에 공부를 얼마나 잘하였는지를 드러내는 도구거든요. 공부를 깊이 잘한 학생은 공부한 내용을 글로 잘 표현할 수 있습니다. 대충 공부해서는 공부한 것을 글로 충분히 드러낼 수 없지요. 잘 알지 못하면 쓸 내용이 없거나 쓰더라도 앞뒤가 논리적으로 연결되지 못한 글을 쓰거나, 아니면 빈칸을 메우기 위해 비슷한 말을 반복해 쓰는 경우가 많습니다. 학생이 쓴 답안을 보고 공부의 깊이와 정도를 판단할 수 있는 이유입니다.

그래서 최근 많은 학교에서 여러 보기 중 하나를 고르는 선다형 평가 비중을 낮추고 수행 평가나 서술형·논술형 평가의 비중을 높이고 있습니다. 4, 5개의 선택지를 주고 그 안에서 답을 고르게 하는 선다형 평가로는 학생들이 배운 것을 온전히 자기 것으로 만들어 다른 상황에 적용하고 창의적으로 문제를 해결할 수 있게 되었는지를 평가하기 어렵기 때문입니다. 평가는 학습 과정에서 학생이 더 깊이 공부하도록 돕고, 잘 공부했는지를 보다 정확하게 판단하기 위한 교육적 방안이기도 합니다. 이러한 평가 방식의 변화는 쓰기 능력이 성적에 미치는 영향을 더 강화합니다.

이처럼 글을 읽고 쓰는 문해력은 공부와 깊은 관련이 있습니다. 문해력 자체가 공부의 과정이자 공부한 결과를 드러내는 방식이지요. 공부를 잘하고 좋은 성적을 거두려면 문해력을 길러야 하는 까닭입니다.

>> 핵심 정리 <<

- 글의 의미를 이해하고 글에서 중요하고 필요한 정보를 선택하는 읽기는 공부와 크게 다르지 않다. 글을 정확하고 빠르게 읽는 능력이 공부의 핵심 능력이다.
- 쓰기는 새로운 정보나 지식을 기존의 인지 구조와 통합하여 자기화하는 대표적인 방법이다.
- 읽기를 통해 정보와 지식을 받아들이고, 쓰기를 통해 '자기화'를 함으로써 공부가 온전하게 이루어질 수 있다.

2

직업과 문해력

인간은 직업을 가지고 일을 해야 먹고 누리면서 살 수 있습니다. 경제 활동을 해야 살아가는 데 필요한 돈을 벌 수 있으니까요. 문해력은 현대 사회에서 직업을 구하고 업무를 수행하는 데 반드시 필요한 능력입니다. 현대 사회를 지식 기반 사회라고 합니다. 지식이 경제적인 가치를 만들어 내고, 지식을 중심으로 사회나 경제 구조가 세워지고 운영되는 사회가 지식 기반 사회입니다. 이러한 사회에서 살아가려면 지식을 얻고, 관리하고, 소통하고, 만들어 내는 능력이 중요할 수밖에 없습니다.

일 잘하는 사람이 되고 싶다면

지식 기반 사회에서 직업을 얻고 일을 하는 데 필요한 능력은 대부

근무 시간	수행 업무
09:00	• 기관과 관련된 기사를 검색하고 정리하기 • 공문 확인하고 읽기 • 업무 관련 메일 확인하고 답하기
10:00	• 국회 국정 감사 대비 자료 준비 파악하기 • 부서 회의 참가하고 업무 수행하기
11:00	• 전화로 민원 해결하기
12:00	• 작성한 자료 제출을 위한 이메일 쓰기
14:00	• 인터넷으로 자료 검색하기
15:00	• 전화로 업무 연락하기
16:00	• 보고서를 검토하고 검토 의견 작성하여 제출하기
18:00	• 회의 자료 정리하기 • 업무 홍보 자료 준비하기

공무원의 하루 일과

분 문해력과 서로 뗄 수 없는 관계에 있습니다. 회사를 다니는 직장인의 하루를 상상해 봅시다. 기업의 성격이나 맡은 업무에 따라 차이가 있지만 직장인들은 대부분 글을 읽고 쓰는 데 많은 시간을 보냅니다. 위의 표는 우리나라 정부 부처에서 근무하는 5급 공무원의 일반적인 하루 일과를 시간별로 조사한 논문을 요약한 자료입니다.[5]

많은 공무원이 기사, 공문, 이메일, 보고 자료, 인터넷 자료 등과 같은 다양한 글을 읽고 보고서, 회의 자료, 업무 홍보 자료 등 여러 종류의 글을 쓰면서 하루를 보냅니다. 물론 전화나 회의도 하고 출장을 가거나 현장에 나가 처리하는 업무도 하지요. 그렇더라도 문서를 읽고 쓰는 업무가 상당히 많습니다. 물건을 생산하거나 몸을 움직이는 일이 많은 직업에서도 작업 매뉴얼을 읽고 이해해야 하며, 업무 수행 과정이나 결과를 기록하는 일을 해야 합니다.

이는 원활하고 효율적으로 일을 잘하는 사람이 되려면 문해력을 갖춰야 한다는 것을 뜻합니다. 이런 까닭에 문해력은 직업에서 성공하거나 높은 소득을 얻는 데에도 영향을 미칩니다. 2018년 미국의 심리학 학술지에 발표된 한 연구에 따르면, 중·고등학생 시절의 문해력 수준은 11년 후 및 50년 후 직업에서의 성공 및 소득과 관련이 있었습니다.[6] 이 연구에서는 1960년에 9~12학년이었던 학생 약 34만 6000명이 학교를 졸업한 지 11년, 50년 후의 직업과 수입을 조사했는데, 학생 시절의 문해력 수준이 직업 성공 및 높은 소득과 관련이 있었습니다.

원하는 직업을 갖고 싶다면

문해력은 원하는 직업을 가지기 위해서도 꼭 필요한 능력입니다. 직무에 따라 차이는 있지만 많은 경우 취업 과정에서 문해력을 갖춘 것이 큰 도움이 되거나 중요한 자격 요건이 됩니다. 성과를 내야 하는 기업 입장에서는 업무 능력이 우수한 인재를 고용하는 데 관심이 클 수밖에 없습니다. 우리나라 기업에서는 신입 사원을 선발한 후 직무를 수행하는 능력을 갖추도록 하기 위해 평균 약 6000만 원을 들여 18개월 동안 교육을 실시한다고 합니다.[7] 적지 않지요? 기업 입장에서는 직무 능력을 이미 갖춘 인재를 선발한다면 시간과 비용을 줄일 수 있지요.

문해력이 업무를 수행하는 데 중요한 능력인 만큼 기업에서는 문해력을 갖춘 사람을 선호하고, 그런 사람을 선발할 수 있는 채용 과정을 만들고 시험을 치릅니다. 예를 들어 우리나라 공공 기관은 국가직무능력표준(NCS)에 맞춘 시험을 실시하여 인재를 뽑습니다. 국가직무능력표준은 산업 현장에서 업무를 수행하는 데 필요한 능력을 표준으로 정해 놓은 것인데, 공공 기관을 비롯하여 많은 기업에서 이에 적합한 능력을 갖춘 사람을 선발합니다. 이는 크게 직무 수행 능력과 직업 기초 능력으로 나뉘는데, 문해력은 직업 기초 능력 중 '의사소통 능력'에 포함됩니다. '문서 이해 능력'과 '문서 작성 능력'이 바로 문해력에 해당하는 평가 요소입니다. 이런 까닭에 공무원 선발 시험 중 9급 시험의 '국어'나 5급 시험의 '언어 논리', '자료 해석' 영역의 많은

45. [의사소통능력] 다음은 A씨가 작성한 보고서에 대해 상사인 B씨가 조언한 내용이다. 조언의 내용을 바탕으로, A씨가 적용하지 **못한** 효과적인 문서작성 방법으로 가장 적절한 것을 고르시오. <44->45>

> B : A씨, 어제 준 보고서는 잘 봤어요. 보고서가 말하고자 하는 바도 명확하고 내용 구성도 보기 좋게 잘 되어있더군요. 그런데, 내용을 뒷받침해 줄 수 있는 통계자료나 근거가 부족해요. 이 부분은 수정하는 것이 좋겠어요.

① 목표를 뒷받침해 줄 자료를 수집해야 한다.
② 전달하고자 하는 내용과 그 핵심을 완벽히 파악해야 한다.
③ 대상에 대한 이해와 분석을 철저히 해야 한다.
④ 질문을 예상하고 그에 대한 구체적인 답변을 준비해야 한다.

국가직무능력표준 모의고사 중 '의사소통 능력'에 해당하는 문항의 예시 ncs.go.kr

문항이 문해력을 평가하기 위해 출제됩니다. 공무원 업무를 수행하는 데 문해력이 필수적인 능력이기 때문에 시험을 통해 문해력을 갖추었는지 여부를 판단하려는 것이지요.

미래 사회에 대비하려면

문해력은 미래 사회에 대비하기 위해서도 반드시 갖춰야 할 능력입니다. 지식 기반 사회에서 지식을 습득하고 생산하기 위해서는 무엇보다 글을 효과적으로 읽고 쓰는 능력을 갖춰야 합니다. 문해력을 갖추지 못하면 지식이 경쟁력인 시대를 효과적으로 살아가기가 힘들지요.

또한 과거와 달리 과학 정보 기술이 발달한 현대 사회는 지식의 변화 주기가 매우 짧습니다. 지식이 쉽게 만들어질 뿐만 아니라 생성에서 소멸까지의 시간이 짧아져 지식으로서 가치를 인정받는 유효 기간이 길지 않게 된 것이지요. 과학자 새뮤얼 아브스만은 지식의 효용성이 절반 정도로 감소하는 '지식의 반감기'를 이야기하고 있습니다. 다음 표는 아브스만이, 롱 탕이라는 학자가 2008년에 쓴 논문을 인용하여 제시한 학문 분야별 지식의 반감기입니다.[8] 이 표를 보면 분야에 따라 다르기는 하지만 물리학을 제외한 다섯 개 학문에서 생산한 지식의 유효 기간은 10년이 되지 않습니다. 앞으로는 더 짧아지겠지요.

분야	반감기(년)
물리학	13.07
경제학	9.38
수학	9.17
심리학	7.15
역사학	7.13
종교학	8.76

아브스만이 제시한 학문 분야별 지식의 반감기

지식의 소멸 주기가 짧아지고 과학 기술이 빠른 속도로 발전하면서 기업의 생존 기간도 짧아지고 있어요. 미국 컨설팅 회사인 맥킨지사가 조사한 결과에 따르면, 기업의 평균 수명이 1935년에는 90년, 1970년에는 30년이던 것이 2015년에는 15년까지 줄어들었습니다. 2020년대에는 10년 안팎까지 더 짧아질 수 있다고 합니다.[9] 인간의 평균 수명은 길어지는 반면 기업의 수명은 짧아지는 것이지요. 이는 앞으로는 사람들이 평생 동안 한 가지 직업만 가지고 살 수 없음을 뜻합니다. 직업을 여러 번 바꾸면서 살 수밖에 없다는 것이지요. 2030년대부터는 한 사람이 평생 동안 평균 30~40개의 직업을 가지며 살아가야 한다는 연구 결과도 있습니다.[10] 이런 문제에는 어떻게 대처해야 할까요?

지식의 효용 기간과 기업의 수명이 단축되는 문제에 대응하는 방법으로 많은 사람이 '평생 학습'을 이야기합니다. 평생 학습은 학교를 다닐 때에만, 학생일 때에만 공부를 하는 것이 아니라 학교를 졸업한 이후에도 계속 공부를 하는 것을 말합니다. 이제 우리가 사는 세상은 평생 학습 사회입니다. 지식을 계속 학습하여 변화하는 환경에 적응하고 직무를 수행하는 데 필요한 능력을 길러야 하는 사회에 살게 된 것입니다.

평생 학습 사회일수록 교육이 중요합니다. 평생 학습에 필요한 기본적인 능력과 자질을 갖추려면 학교에서 문해력을 견고하게 계발해야 하지요. 문제 해결에 필요한 다양한 자료를 찾아 정확하고 효과적으로 읽고, 문제를 해결한 과정과 결과를 글로 써서 지식으로 생산하여, 다른 사람들과 공유하는 능력이 곧 문해력입니다. 이러한 능력을 교육을 통해 확실하게 쌓아야 평생 학습 사회에 효과적으로 적응하며 살아가는 힘을 키울 수 있습니다.

›› 핵심 정리 ‹‹

- 기업에서는 문해력을 갖춘 사람을 선호하고, 그런 사람을 선발할 수 있는 채용 과정을 만들고 시험을 치르기 때문에 원하는 직장에서 일하려면 문해력을 갖추어야 한다.
- 지식의 효용 기간과 기업의 수명이 단축되는 문제에 대응하기 위해 '평생 학습'이 필요하다. 평생 학습에 필요한 기본적인 능력과 자질을 갖추려면 교육을 통해 문해력을 견고하게 계발해야 한다.

3

인권과
문해력

문해력은 인간이 인간답게 사는 데 가장 기본이 되는 능력입니다. 문해력이 없으면 인간답게 살기 어렵다는 뜻이지요. 인간답게 살기 위해서는 '인권'을 보장받고 존중받아야 합니다. 그래서 민주 사회에서는 시민의 기본적인 인권을 보장하는 체제와 제도를 만들어 운영합니다. 이런 사회에 사는 사람들은 시민으로서 책임과 권리를 알고 누리며 사회에 참여해 사회 발전에 기여해야 합니다.

시민의 권리를 행사하려면

그런데 문해력이 없으면 사람들은 자신에게 주어진 책임을 원활하게 수행하지 못할 뿐만 아니라 소중한 권리도 쓸 수 없습니다. 우리 사회는 중요한 정보나 지식을 대부분 문자로 제공하니까요. 글을 읽

■ 지방세기본법 시행규칙[별지 제23호서식] <개정 2018. 12. 31.>

지방소득세 [ ] 특별징수분 / [ ] 신고 · 고지분 환급청구서

※ 뒤쪽의 작성방법을 읽고 작성하시기 바라며, [ ]에는 해당되는 곳에 √표를 합니다. (앞쪽)

접수번호	접수일	처리기간	즉시

특별징수 의무자	①상호(법인명)	②법인(주민)등록번호
		③사업자등록번호
	④사업장 소재지	⑤전화번호 (휴대전화:)
납세 의무자 (소득자)	⑥성명(대표자)	⑦주민(법인)등록번호
	⑧상호(법인명)	⑨사업자등록번호
	⑩주소(영업소)	
	⑪전화번호 (휴대전화:)	⑫전자우편주소

환급신청내용

⑬소득의 종류	⑭귀속 과세연도	⑮당초 지방소득세	⑯경정 후 지방소득세	⑰조정 환급분	⑱지방소득세 환급금 (⑮-⑯-⑰)	⑲납세지
계						

⑳환급청구이유			
㉑지급계좌	금융회사	계좌번호	

「지방세기본법」 제60조제1항 후단 및 같은 법 시행령 제38조제4항에 따라 위와 같이 지방소득세의 환급을 청구합니다.

년 월 일

청구인(환급대상자) (서명 또는 인)

지방자치단체의 장 귀하

※ 지급계좌의 예금주와 청구인(환급대상자)은 동일해야 합니다.
※ 지급계좌를 적은 경우 지방세환급금이 발생하면 별도의 청구가 없더라도 해당 계좌에 지급될 수 있습니다.

㉒경유	위 환급청구액에 대하여 특별(원천)징수의무자는 별도로 조정환급을 할 수 없음
특별(원천)징수의무자 (서명 또는 인)	

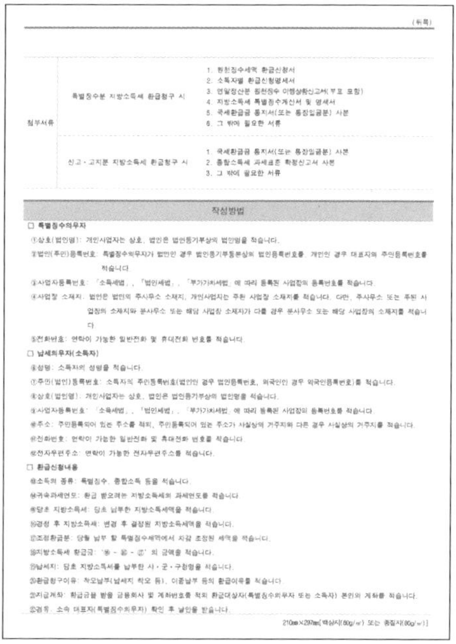

(뒤쪽)

첨부서류	특별징수분 지방소득세 환급청구 시	1. 원천징수세액 환급신청서 2. 소득자별 환급신청명세서 3. 연말정산분 원천징수 이행상황신고서(부표 포함) 4. 지방소득세 특별징수계산서 및 명세서 5. 국세환급금 통지서(또는 통장입금분) 사본 6. 그 밖에 필요한 서류
	신고 · 고지분 지방소득세 환급청구 시	1. 국세환급금 통지서(또는 통장입금분) 사본 2. 종합소득세 과세표준 확정신고서 사본 3. 그 밖에 필요한 서류

작성방법

□ 특별징수의무자

①상호(법인명): 개인사업자는 상호, 법인은 법인등기부상의 법인명을 적습니다.
②법인(주민)등록번호: 특별징수의무자가 법인인 경우 법인등기부등본상의 법인등록번호를, 개인인 경우 대표자의 주민등록번호를 적습니다.
③사업자등록번호: 「소득세법」, 「법인세법」, 「부가가치세법」에 따라 등록된 사업장의 등록번호를 적습니다.
④사업장 소재지: 법인은 법인의 주사무소 소재지, 개인사업자는 주된 사업장 소재지를 적습니다. 다만, 주사무소 또는 주된 사업장의 소재지와 분사무소 또는 해당 사업장 소재지가 다를 경우 분사무소 또는 해당 사업장의 소재지를 적습니다.
⑤전화번호: 연락이 가능한 일반전화 및 휴대전화 번호를 적습니다.

□ 납세의무자(소득자)

⑥성명: 소득자의 성명을 적습니다.
⑦주민(법인)등록번호: 소득자의 주민등록번호(법인인 경우 법인등록번호, 외국인인 경우 외국인등록번호)를 적습니다.
⑧상호(법인명): 개인사업자는 상호, 법인은 법인등기부상의 법인명을 적습니다.
⑨사업자등록번호: 「소득세법」, 「법인세법」, 「부가가치세법」에 따라 등록된 사업장의 등록번호를 적습니다.
⑩주소: 주민등록되어 있는 주소를 적되, 주민등록되어 있는 주소가 사실상의 거주지와 다른 경우 사실상의 거주지를 적습니다.
⑪전화번호: 연락이 가능한 일반전화 및 휴대전화 번호를 적습니다.
⑫전자우편주소: 연락이 가능한 전자우편주소를 적습니다.

□ 환급신청내용

⑬소득의 종류: 특별징수, 종합소득 등을 적습니다.
⑭귀속과세연도: 환급 받으려는 지방소득세의 과세연도를 적습니다.
⑮당초 지방소득세: 당초 납부한 지방소득세액을 적습니다.
⑯경정 후 지방소득세: 변경 후 결정된 지방소득세액을 적습니다.
⑰조정환급분: 당월 납부 할 특별징수세액에서 차감 조정된 세액을 적습니다.
⑱지방소득세 환급금: '⑮ - ⑯ - ⑰'의 금액을 적습니다.
⑲납세지: 당초 지방소득세를 납부한 시 · 군 · 구청명을 적습니다.
⑳환급청구이유: 착오납부(납세지 착오 등), 이중납부 등의 환급이유를 적습니다.
㉑지급계좌: 환급금을 받을 금융회사 및 계좌번호를 적되 환급대상자(특별징수의무자 또는 소득자) 본인의 계좌를 적습니다.
㉒경유: 소속 대표자(특별징수의무자) 확인 후 날인을 받습니다.

210mm×297mm[백상지(80g/㎡) 또는 중질지(80g/㎡)]

세금 환급 신청 양식 suwon.go.kr

고 쓰지 못하면 자신에게 어떤 책임과 권리가 있는지, 그 책임을 어떻게 다하고 권리를 언제 어떻게 사용하는지 알 수 없습니다. 사회에 참여하기도, 기여하기도 어렵게 되지요. 예를 하나 들어 볼까요?

위 자료는 시민이 세금을 과다하게 더 내었을 때 이를 돌려받는 데 필요한 민원 서류 양식 중 하나입니다. 세금을 돌려받으려면 위 양식에 맞춰 서류를 작성해서 해당 기관에 제출해야 합니다. 만약 이런 서류를 작성하는 문해력이 없다면 돈을 돌려받을 수 없겠지요.

다음 그림을 또 볼까요? 왼쪽의 우리나라 투표용지는 문자로 쓰인 반면 오른쪽 인도의 투표용지에는 문자 아래에 코끼리, 연꽃 등과 같

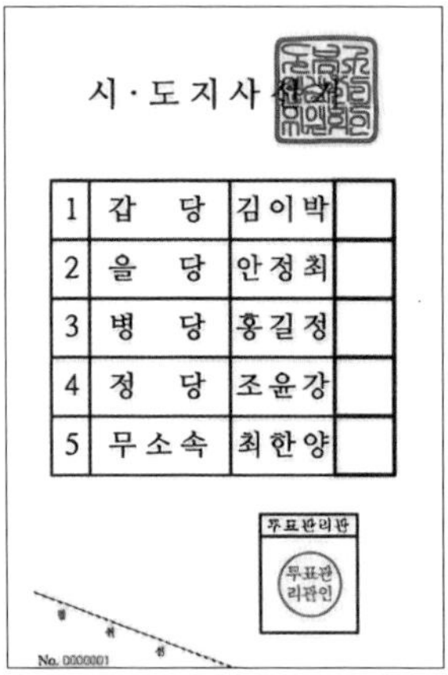

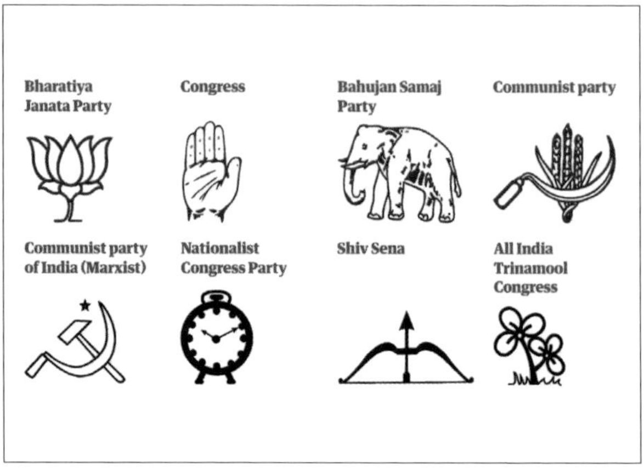

우리나라와 인도의 투표용지

은 그림이 크게 그려져 있습니다. 글을 읽지 못하는 사람의 비율이 높은 인도에서는 사람들이 각 정당을 쉽게 알아볼 수 있도록 그림을 그려서 투표를 돕는 것이지요. 모든 시민이 기본적인 권리를 행사하고 정치에 참여할 수 있도록 지원하는 정책입니다. 이를 다른 측면에서 보면 문해력을 갖추지 못하였을 때 우리는 시민으로서 책임을 지거나 권리를 누리기 어려우며, 결과적으로 자신의 목소리를 정치에 반영하기가 어렵다는 것을 알 수 있습니다.

'세계 문해의 날'이 제정된 이유

인간답게 살려면 권리를 지키고 행사하는 것으로는 부족해요. 역사적 존재로서 자신과 공동체의 과거를 성찰하고 미래를 조망하며,

문화적 존재로서 문화를 누리고 만들며 살아갈 수 있어야 해요. 문자가 만들어진 이래 인간은 문자로 찬란한 문명을 꽃피워 왔습니다. 인간 삶의 총체적 기록인 역사도 문자가 있어서 가능한 것이지요. 우리가 막연히 아주 오랜 옛날로 생각하는 선사 시대는 문자가 만들어지기 전, 그래서 인간이 문자로 자신의 삶을 기록하기 이전의 시대를 통틀어 부르는 말입니다. 문자가 없다면 역사도 없는 셈입니다.

문해력은 문자로 기록된 과거를 돌아보며 그것을 바탕으로 현재와 미래의 삶을 생각하고, 나아가 현재 벌어지는 다양한 삶의 면면을 기록으로 남겨 후세에 전하는 '역사하는 존재'로서 인간을 가능하게 합니다. 동서고금을 막론하고 문자로 쓰인 수많은 기록은 현대를 살아가는 우리에게 지혜와 통찰을 줍니다. 시대나 상황은 크게 다르지만 과거의 사람들이 살아가면서 맞닥트린 문제에 어떻게 대처해 갔는지를 역사를 통해 배울 수 있습니다.

또한 문해력은 문자로 이루어진 다양한 문화유산을 향유하고 생산하는 토대가 됩니다. 그중에서도 문학 작품은 인간이 만든 최고의 문화적 자산이라 할 수 있습니다. 문학은 예술로서 인간에게 아름다움을 느끼게 하고 감동을 주며, 역사와는 다른 방식으로 지혜와 통찰을 주니까요. 몇 줄로 된 짧은 시가 굳게 닫힌 마음의 문을 열게 하고, 이야기를 풀어 낸 소설이 인간이란 존재와 인간의 삶을 깊이 있게 이해하는 눈을 뜨게 해 줍니다.

자세히 보아야
예쁘다

오래 보아야
사랑스럽다

너도 그렇다.

— 나태주, 「풀꽃1」(『풀꽃』, 지혜, 2021)

나태주 시인의 「풀꽃1」이라는 시는 자존감이 낮아 슬픈 사람, 무기력한 사람에게 위로와 희망을 줍니다. 짧은 시간에 겉으로 드러난 모습만 보고 사람을 섣불리 평가하는 사람들에게는 따뜻한 눈으로 자세히, 그리고 오래 사람을 지켜보라는 깨우침을 주지요. 시가, 그리고 그 시 읽기가 우리에게 아름다운 감동과 깨우침을 주는 겁니다. 문해력이 없다면 인간답고 풍요롭게 살게 하는 원천인 문학 작품을 창작하는 것도, 향유하는 것도 쉽지 않을 겁니다. 문해력을 갖추면 이런 문화를 누리며 보다 인간다운 삶을 살 수 있게 됩니다.

이와 같이 문해력은 사람들이 살아가는 데 필요한 힘을 갖게 하기 때문에, 과거에 권력을 독점하고 싶었던 지배층이나 특권층은 다른 사람들이 문해력을 갖지 않기를 바랐습니다. 글을 읽고 쓸 줄 알면 정보와 지식을 얻고 보다 많은 사람과 소통하는 힘을 갖게 되니, 이른바 여론을 형성할 수 있게 되고, 그러면 소수가 권력을 독점하는 데 방해가 되기 때문이지요. 이런 이유로 과거의 대부분의 특권층들은 대중들이 교육받을 권리, 그래서 교육으로 문해력을 습득할 기회를 넓히려고 하지 않았던 것입니다. 아래 시화는 문해력 교육을 받지 못했던 한 할머니의 마음 아픈 이야기를 보여 줍니다.

이 시화는 국가평생교육진흥원에서 2019년에 실시한 전국 성인 문해 교육 시화 공모전에서 상을 받은 작품입니다. 이 시화에는 남녀

권분한, 「내 이름은 분한이」 2019년 전국 성인 문해 교육 시화전 최우수상작

차별이 심했던 시기에 딸이라서 교육을 받지 못하고, 그래서 읽고 쓸 줄 몰라 힘들었던 마음이 담겨 있습니다. 문해력은 사람답게 사는 데 반드시 필요하지만, 그것을 갖추기 위한 교육이 늘 공평하게 이루어져 온 것은 아닙니다.

이처럼 문해력은 인권 차원에서 중요하기 때문에 인권을 중시하는 많은 나라와 국제 단체에서 문해력 교육 강화에 힘쓰고 있습니다. 유엔 산하 기구인 유네스코(UNESCO)가 1967년부터 매년 9월 8일을 '세계 문해의 날'로 정해 문해력의 중요성을 알리고 문해력 교육을 위해 힘쓰는 것은 그 대표적인 예입니다. 유네스코에 따르면 그간 문해력 교육에 많은 노력과 발전이 있었지만 아직도 약 7억 7,300만 명이라는 많은 사람이 기본적인 문해력이 부족한 실정이라고 하니 앞으로

유네스코에서 정한 '세계 문해의 날' 안내 화면

더 많은 관심과 노력이 필요하겠지요. 요컨대 문해력은 단지 글을 읽고 쓰는 능력을 넘어 인권과 결부되는, 사람이 사람답게 자신의 권리를 지키며 사람답게 사는 데 반드시 갖춰야 할 능력입니다. 그래서 많은 사람들이 문해력의 중요성을 이야기하는 것이고, 교육을 통해 문해력을 갖추도록 노력하는 것입니다. 문해력이 익혀도 그만, 못 익혀도 그만인 그저 국어 시간에 배우는 내용에 불과한 것이 아닌 이유랍니다.

>> **핵심 정리** <<

- 시민으로서의 권리를 행사하고 책임을 지기 위해 또 역사적·문화적 존재로서 잘 살아가기 위해 문해력이 필요하다.
- 과거에는 권력을 독점하고 싶었던 지배층이나 특권층 때문에 문해력 교육이 공평하게 이루어지지 못했다.
- 유네스코가 9월 8일을 '세계 문해의 날'로 정했듯 인권을 중시하는 많은 나라와 국제 단체에서 문해력 강화에 힘쓰고 있다.

징검다리

전 세계 학생들의 문해력을 평가하는 국제학업성취도평가

경제협력개발기구(OECD)는 국제 경제 정책 조정, 무역 문제와 산업 정책 검토, 환경 문제와 개발 도상국 원조 문제 등을 다루는 국제 협력 기구입니다. 이 기구에서 주관하는 국제학업성취도평가(PISA)는 각국 학생들의 교육 수준을 평가하는 시험으로, 2000년부터 3년 주기로 실시하고 있어요. 만 15세 학생들을 대상으로 읽기, 수학, 과학, 문제 해결 능력을 평가하지요. 국가 간 성적 비교를 통해 학생의 학업 성취 정도를 판단하고 그에 영향을 주는 요인을 밝혀 교육 정책 수립을 돕고 교육 방법을 개선하고자 하는 것이 그 목적입니다. 세계 여러 나라는 이 평가 결과에 큰 관심을 가지고 있습니다. 자국 학생들이 어느 정도로 성취를 하고 있는지, 학생들이 그런 결과를 보인 이유가 무엇인지를 파악하여 교육 정책과 방법을 개선하기 위해서지요.

이 평가의 읽기 영역은 학생들이 다양한 유형의 텍스트를 자신의 목적과 맥락에 맞게 정확하고 통합적으로 이해하고 평가하는지를 알아보는 문항으로 구성됩니다. 단지 지문을 읽고 정확하게 이해했는지를 측정하는 것을 넘어 실제적이고 특정한 상황 속에서 여러 텍스트를 효과적이고 전략적으로 이해하고 판단하고 활용하는지를 평가하는 것이지요. 종이 시험이 아니라 컴퓨터 기반 시험입니다. 다음은 그중 공개된 문항의 사례입니다.[11] 같이 풀어 볼까요?

우유를 마시는 것은 미국을 비롯하여 세계 여러 나라에 일상화되어 있는 일이다. 안나, 크리스토퍼, 샘, 세 학생이 학교의 매점에 있다고 상상해 보자. 매점 주인이 최근에 이런 안내문을 붙였다. "저희 매점은 4월 5일부터 우유를 판매하지 않습니다. 그 대신 두유를 판매합니다."
안나, 크리스토퍼, 샘은 왜 학교 매점에서 우유 판매를 중단했는지 궁금했다. 그래서 안나는 스마트폰으로 인터넷에 들어가 '우유'에 대해 검색하였다. 첫 번째 검색 결과를 놓고 세 사람이 이야기하고 있다.
첫 번째 자료를 읽기 위해 [다음 화면] 버튼을 클릭하시오.

우유의 영양가: 이로운 성분이 너무 많아요!

목장유업이 만든 제품에는 칼슘, 단백질, 비타민D, 비타민B12, 리보플래빈, 칼륨 등 주요 영양소가 들어 있습니다. 건강한 식생활의 핵심인 이러한 비타민과 미네랄은 목장유업 유제품의 중요한 특징입니다. 매일매일 목장유업의 유제품을 드셔 보십시오. 하루에 필요한 비타민과 미네랄을 충분히 섭취하게 됩니다.
목장유업의 유제품은 체중 감량을 촉진하여 건강한 체중 유지에도 도움을 줍니다. 우유는 뼈를 튼튼하게 하고 골밀도를 강화합니다. 또한 심혈관 건강을 개선하며 암 예방에도 효과적입니다. 우유 한 잔에는 비타민, 미네랄, 그 밖에 다양한 영양소가 가득 들어 있습니다.
캘리포니아 어바인대학 소아과 부교수인 빌 시어스 박사에 따르면, 우유는 핵심 영양소가 아주 많이 들어 있는 식품입니다. 국제낙농식품협회(IDFA)도 이러한 사실을 지지합니다. 또한 여러 보건 전문가와 단체도 IDFA의 이러한 견해에 동의하고 있습니다.

우유에는 9대 필수 영양소가 골고루 다 들어 있습니다. 그리고 우유는 칼슘과 비타민D는 물론, 비타민A, 단백질, 칼륨의 훌륭한 공급원입니다. 의사들도 유제품을 권장하고 있습니다. 건강 식단을 위한 유제품의 역할에 대해서는 영양학회와 과학계가 지속적으로 인정해 온 바 있습니다. 그 가운데는 미국골다공증재단, 미군의무사령부, 미국공중위생국, 미국국립보건원, 미국의학협회의 과학문제위원회, 그 외 주요 보건 기구 등이 포함되어 있습니다.

국제낙농식품협회, 2007년 9월 27일

우유

문제(1/7)

화면의 '우유의 영양가: 이로운 성분이 너무 많아요!'를 읽고, 물음에 대한 답을 하나 선택하여 클릭하시오.

IDFA에 의하면, 주요 보건 전문가들과 단체가 동의하는 내용은 무엇인가?

☐ 우유 및 유제품 섭취는 비만으로 이어진다.
☐ 우유는 필수 비타민과 미네랄의 훌륭한 공급원이다.
☐ 우유에는 미네랄보다 비타민이 더 많이 들어 있다.
☐ 우유를 마시는 것은 골다공증의 주요 원인이다.

우리나라 학생들은 이 평가의 읽기 시험에서 어느 정도의 성적을 거두었을까요? 2022년 시험에 우리나라는 186개 학교에서 온 학생 6931명이 참여했습니다. 다음 표[12]에서 그 결과를 보면 우리나라는 37개 OECD 회원국 중 1~7위를 차지했습니다. 1위, 2위 또는 7위라고 하지 않고 1~7위와 같이 범위로 순위를 표시하는 것은 평가 결과의 오차 가능성을 고려해서라고 합니다. 이 정도면 좋은 성적이라고 할 수 있습니다.

연구주기 (OECD 참여국 수 / 전체 참여국 수)		PISA 2000 (28/43)	PISA 2003 (30/41)	PISA 2006 (30/57)	PISA 2009 (34/75)	PISA 2012 (34/65)	PISA 2015 (35/72)	PISA 2018 (37/79)	PISA 2022 (37/80)
평균 점수		525	534	556	539	536	517	514	515
순위	OECD	6	2~3	1	1~2	1~2	3~8	2~7	1~7
	전체	7	2~3	1	2~4	3~5	4~9	6~11	2~12

2000~2022년에 시행된 읽기 영역 시험에서 우리나라 학생들의 평가 결과 추이[13]

국제학업성취도평가(PISA)의 읽기 평가는 학생의 성취 정도를 1~6수준으로 나눕니다. 5수준 이상은 상위 수준, 2수준 미만은 저성취 수준으로 판단합니다. 1수준은 다시 1a~1c로 세분화하여 수준을 구분하고 있습니다. 아래 표는 우리나라 학생들의 성취 수준별 비율 변화를 보여 줍니다. 상위 수준 학생 비율에는 큰 변화가 없지만, 교과서를 제대로 이해하지 못하는 낮은 읽기 능력을 가진 2수준 미만 학생 비율은 큰 폭으로 증가한 것을 알 수 있습니다.

수준 연구주기	PISA 2000	PISA 2003	PISA 2006	PISA 2009	PISA 2012	PISA 2015	PISA 2018	PISA 2022
6수준	–	–	–	1.0	1.6	1.9	2.3	2.5
5수준	5.7	12.2	21.7	11.9	12.6	10.8	10.8	10.8
4수준	31.1	30.8	32.7	32.9	31.0	25.5	24.6	24.7
3수준	38.8	33.5	27.2	33.0	30.8	28.9	27.6	28.0
2수준	18.6	16.8	12.5	15.4	16.4	19.3	19.6	19.4
2수준 미만	5.7	6.8	5.8	5.8	7.6	13.7	15.1	14.7

2000~2022년의 우리나라 학생들의 성취 수준별 비율 변화

(음영된 부분은 읽기가 주 영역인 주기임. 위의 수치는 반올림에 의한 차이가 있을 수 있음.)

3강

독해력을 기르는 방법은 무엇인가?

1

독해력의 세 요소

문해력이 독해력보다 큰 개념이지만, 독해력이 문해력의 핵심 요소임은 틀림없습니다. 독해력이 갖춰지지 않으면 글을 잘 읽기도, 쓰기도 어렵기 때문입니다. 그래서 오래전부터 학교와 가정에서는 아이들의 독해력을 길러 주려고 많은 노력을 기울였지요. 학교 입학 전에는 그림책을 읽어 주거나 한글 놀이 등을 하며 독해의 기본이 되는 책에 대한 개념이나 한글 학습의 토대를 쌓아 주지요. 초등학교 입학 이후에는 국어 시간에 본격적인 한글 깨치기 학습을 하고 글 읽기 방법을 배웁니다. 일반적으로 고등학교 2학년 학생이라면 적어도 10년 이상 독해력 교육을 받았을 겁니다. 10년이라면 꽤나 긴 시간입니다.

독해력은 왜 이리 오랜 시간 공부해서 길러야 하는 것일까요? 사람들은 흔히 독해력을 한글을 읽는 능력이라고 생각합니다. 한글을 소리 내어 읽을 수 있으면 독해할 수 있다고 믿지요. 이처럼 독해를 한

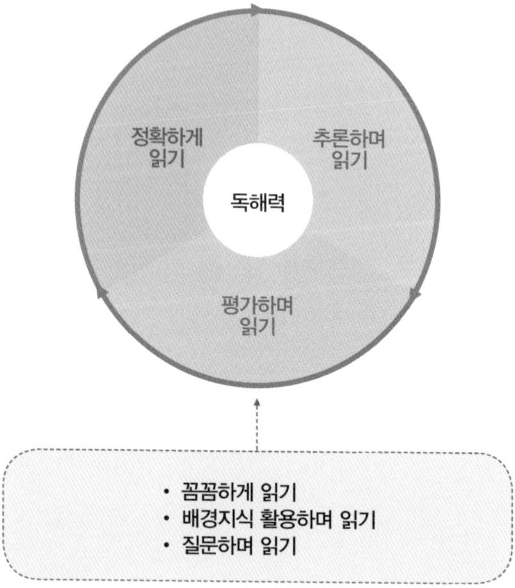

독해력을 구성하는 요소들

글 읽기로 본다면 학교에서 읽기 교육은 대부분 초등학교 1, 2학년에서 끝마치고 더 이상 하지 않아도 될 거예요. 하지만 그러지 않지요. 한글을 읽을 수 없으면 독해를 시작할 수 없지만, 그렇다고 한글 읽기가 독해의 전부는 아닙니다. 독해력은 여러 가지 능력이 복합적으로 작용해야 하는, 높은 수준의 능력입니다. 오랜 기간 학습하고 연습해야 기를 수 있지요.

학자마다 차이가 있지만 일반적으로 독해력은 정확하게 읽기, 추론하며 읽기, 평가하며 읽기의 세 가지 요소가 합쳐진 것으로 봅니다. 즉, 독해력을 갖추었다면 쓰인 것을 정확하게 이해하고, 쓰이지 않은 것을 추론하며, 여러 가지 측면에서 평가를 하면서 글을 읽어 내는 능력이 있다고 말할 수 있습니다.

정확하게 읽기

먼저 '정확하게 읽기'는 글에 쓰인 내용을 있는 그대로 왜곡 없이 파악하는 읽기입니다. 사람에 따라 '축자적 읽기', '문면적 읽기'라고도 하지요. '사실적 읽기'라고도 하는데, 이 말은 오해의 소지가 있습니다. 글에 쓰인 내용이 모두 사실(fact)은 아니기 때문에 글 내용을 정확하게 파악한다고 하여 사실을 알게 되는 읽기를 했다고 말하기는 어렵기 때문입니다. 어떤 표현을 사용하든 '정확하게 읽기'는 독자가 글에 쓰인 내용에 충실하게 그 의미를 이해하는 읽기를 말합니다. 글에 쓰인 내용을 오류나 왜곡 없이 있는 그대로 이해하는 읽기입니다.

독서 활동에서 독자는 글에서 다루는 내용이 무엇인지를 정확하게 이해하는 것이 필요합니다. 글을 읽어도 어떤 내용인지, 무엇이 중요한 내용인지 파악하지 못한다면 글을 읽었다고 말하기 어렵지요. 특히 학습을 위해 교과서나 참고 자료를 읽을 때나, 문제 해결에 필요한 정보를 담은 자료를 읽을 때에는 글에 쓰인 그대로 정확하게 읽어 내는 것이 중요합니다. 글을 정확하게 읽는 능력은 다음에 설명하는 추론적 읽기나 평가적 읽기의 기초가 되는 만큼 독자가 반드시 갖추어야 할 요소입니다.

추론하며 읽기

'추론하며 읽기'도 독해력을 구성하는 중요한 요소입니다. 추론의 단어 뜻을 아는 사람이라면 추론하며 읽기는 '미루어 짐작하며 읽기'를 뜻하겠구나 하고 '추론'할 수 있을 겁니다. 추론하며 읽기는 글에 쓰인 내용을 단서로 삼아 쓰이지 않은 내용을 짐작하며 읽는 것을 말합니다.

1강에서 설명한 바와 같이 글에서는 모든 내용을 다 말하지 않습니다. 다 말하면 너무나 길고 지루한 글이 되니까요. 구멍이 숭숭 뚫려 있는 글을 '말이 되도록' 만드는 것은 독자의 몫입니다. 글에 쓰인 것을 활용하여 필자가 다 말하지 않은 것을 추론하여 이해하는 것이지요. 사실 모든 읽기는 추론적 읽기라고 해도 좋습니다. 앞서 설명한 정확한 읽기도 실은 추론하며 읽는 능력이 없으면 불가능합니다.

그럼에도 불구하고 추론하며 읽기를 독해력을 구성하는 주요 요소로 '독립'하여 제시한 이유는, 읽기 과정에서 요구되는 추론의 차이를 고려해서입니다. 모든 읽기에 추론이 필요하지만, 독자가 이를 의식하는지 여부에 따라 추론을 '자동적 추론'과 '의식적 추론'으로 나누어 볼 수 있습니다.

'자동적 추론'은 독자가 글을 읽으면서 특별한 의식 없이 자연스럽게 하는 추론입니다. '점심에 라면을 끓였다. 맛있었다.'라는 짧은 글을 볼까요? 여러분은 이 글이 '글쓴이가(또는 글 속 화자가) 점심에 식사로 라면을 끓여서 먹었는데 맛있다고 느꼈다.' 정도의 내용을 말한다고 이해할 겁니다. 무엇이 맛있었는지는 쓰여 있지 않고, 심지어 누가 라면을 먹었는지조차 밝히지 않았음에도 여러분은 매우 쉽고 빠르게 이 글의 의미를 이해한 것입니다. 이처럼 독자가 의도적으로 추론하지 않아도 글이 말하지 않은 빈칸을 메워 이해하는 추론이 자동적 추론입니다. 쉬운 내용이 유기적으로 연결되어 있는 짧은 글인 경우나, 독자가 배경지식을 충분히 가지고 있는 경우 추론은 자동으로 이루어질 가능성이 높습니다.

반면 의식적 추론은 독자가 의식적으로 수행해야 하는, 생각을 더욱 많이 해야 하는 어려운 추론입니다. 글은 여러 가지 이유로 독자의 의식적인 추론을 요구합니다. 독자가 배경지식이 충분치 않은 경우, 글 내용이 잘 연결되지 않거나 이해에 필요한 단서가 부족한 경우, 필자가 글을 쓰는 이유를 직접적으로 드러내지 않는 경우, 탐정 소설에서 범인이 누구인지를 숨기는 등 필자가 일부러 중요한 정보를 쓰지 않는 경우 등등이 그 예입니다.

이런 경우 독자는 글을 이해하기 위해 글에 쓰인 내용을 활용하여 쓰이지 않은 것을 추론해야 합니다. 이 과정에서 글에 쓰인 표현을 꼼꼼하게 살피기도 하고, 글의 구조에 대한 지식을 활용하여 내용과 내용을 연결하기도 하며, 자신의 배경지식을 활용하거나 글 밖에서 자료를 더 찾아 글 내용을 보완하며 읽어야 합니다.

이를 보면 의식적 추론은 머리를 써야 하는 꽤나 어려운 일임을 알 수 있습니다. 우리가 살아가면서 읽어야 할 수많은 글은 이러한 의식적인 추론을 요구합니다. 그래서 독해력을 갖춘 독자라면 의식적으로 추론하는 읽기를 할 수 있어야 합니다.

평가하며 읽기

마지막으로 독해력을 구성하는 요소는 '평가하며 읽기'입니다. 평가하며 읽기는 '글, 필자, 독자 자신에 대해 판단하며 읽는 것'을 뜻합니다. 글을 읽으면서 독자가 글에 대해서는 물론이고 글을 쓴 필자 및 글을 읽는 자신에 대해 판단하는 것이지요. 글에 대해서는 이 글이 읽을 만한 가치가 있는지, 믿어도 되는지 등을, 필자에 대해서는 이 글을 쓸 만큼 전문성이나 신뢰성을 갖춘 사람인지, 글을 쓴 의도가 나쁘지는 않은지 등을, 독자 자신에 대해서는 자신의 읽기 상황이나 목적에 맞게 읽고 있는지, 읽기의 어려움을 잘 해결하는지 등을 평가하면서 읽습니다.

이는 흔히 '비판적 읽기'라고 불리는, 글에 대해 비판적 사고를 하는 읽기보다 넓은 개념입니다. '비판'이 '옳고 그름을 따지거나 지적하는 행동'이라는 의미를 갖고 있어서 '비판적 읽기'는 글 속에서 잘못된 내용이나 동의하기 어려운 필자의 생각을 찾아내는 읽기로 좁게 이해되는 경향이 있습니다. 평가하며 읽기는 이러한 비판적 읽기

보다 확장된 범위에서 다양한 판단을 하며 읽는 것을 말합니다. 부정적인 평가만이 아니라 긍정적인 가치나 상황에의 적절성 여부를 판단하는 등 보다 폭넓게 평가할 수 있어야 하지요. 독자가 자신이 처한 상황이나 목적에 맞게 효율적으로 독서를 하려면, 평가적 읽기 능력은 매우 중요한 독해력의 요소가 됩니다.

지금까지 설명한 독해력을 구성하는 세 가지 요소는 각기 구분은 되지만 서로 긴밀한 관련을 맺고 있습니다. 정확하게 읽지 못하면 적절한 추론을 할 수 없고, 바른 평가를 하며 읽을 수 없습니다. 또한 추론을 할 수 있어야 쓰인 글을 정확하게 읽어 내고, 다양한 평가를 할 수 있습니다. 평가하며 읽기는 자신이 글을 정확하게, 적절한 추론을 하며 읽는지 점검하고 조정하는 것을 통해 정확한 읽기와 추론하며 읽기의 바탕이 됩니다.

>> 핵심 정리 <<

- 독해력은 정확하게 읽기, 추론하며 읽기, 평가하며 읽기의 세 요소가 합쳐진 것이다.
- 정확하게 읽기는 글에 쓰인 내용을 있는 그대로 왜곡 없이 파악하는 읽기이다. 추론하며 읽기는 글에 쓰인 내용을 단서로 삼아 쓰이지 않은 내용을 짐작하며 읽는 것을 말한다. 모든 읽기에서 추론이 요구되지만, 독자가 이를 의식하는지 여부에 따라 '자동적 추론'과 '의식적 추론'으로 나누어 볼 수 있다. 평가하며 읽기는 '글, 필자, 독자 자신에 대해 판단하며 읽는 것'을 뜻하며, 비판적 읽기보다 넓은 개념이다.
- 정확하게 읽지 못하면 적절한 추론을 할 수 없고, 타당한 평가를 하며 읽을 수 없다. 또한 추론을 할 수 있어야 쓰인 글을 정확하게 읽어 내고, 다양한 평가를 할 수 있다. 평가하며 읽기는 자신이 글을 정확하게, 적절한 추론을 하며 읽는지 점검하고 조정하는 것을 통하여, 정확한 읽기와 추론하며 읽기의 바탕이 된다.

2

독해력을 기르는 읽기 방법

그럼 이런 독해력은 어떻게 기를 수 있을까요? 어떻게 읽어야 오독 없이 정확하게 읽고, 적극적으로 추론하며, 바른 평가를 하면서 읽을 수 있을까요? 독해력을 기르는 방법은 많지만, 이 책에서는 독해력을 구성하는 세 요소에 도움을 주는 꼼꼼하게 읽기, 배경지식 활용하기, 질문하기에 초점을 두고 설명하겠습니다. 이 세 가지 방법을 충분히 익혀 활용한다면 독해력을 키울 수 있을 겁니다.

꼼꼼하게 읽기

꼼꼼하게 읽기는 글에 쓰인 '표현'에 주목하면서 글 내용을 이해하는 읽기 방법을 뜻합니다. 필자는 글을 쓰면서 여러 가지 선택을 합니다. 자신이 하고자 하는 말을 가장 드러낼 수 있는 표현 수단 즉, 단어,

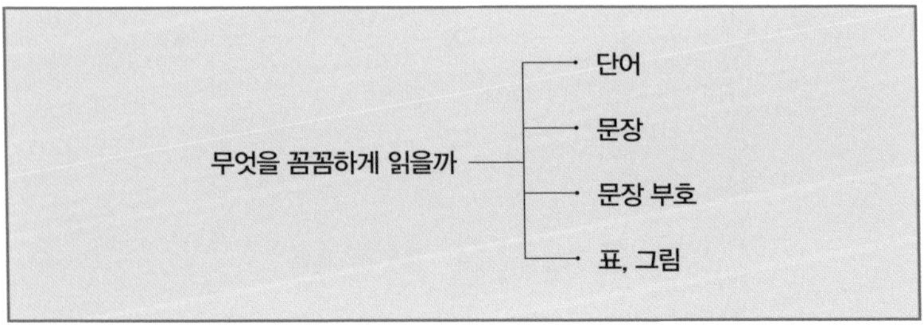

글에 쓰이는 여러 표현

문장 유형, 문장 부호, 표나 그림 등을 고르지요. 따라서 독해를 잘하려면 무엇보다 필자가 사용한 이들 표현을 꼼꼼하게 읽고 그 표현이 어떤 내용을 담고 있는지, 왜 그러한 표현을 사용했는지 파악하는 것이 중요합니다.

• 단어

단어를 먼저 볼까요? 단어는 글에서 의미를 표현하는 기본 단위로, 필자는 자신이 하고 싶은 말을 가장 잘 드러내는 단어를 골라서 글을 씁니다. 그래서 글을 이해하려면 무엇보다 먼저 글에 쓰인 단어의 의미를 정확하게 해석해야 합니다. 필자는 의미뿐만 아니라 어감 즉, 그 단어가 불러일으키는 느낌도 고려하여 단어를 고릅니다. 필자가 왜 여러 단어 중 하필 그 단어를 선택했는지를 파악하며 읽어야 하는 이유입니다. 다음 두 문장을 비교해 봅시다.

① 정부는 집값 안정을 목적으로 부동산세를 인상했다.

② 정부는 집값 안정을 구실로 부동산세 폭탄을 던졌다.

이 두 문장은 모두 신문 기사 중 일부로, 둘 다 정부가 부동산 세금을 올린 정책을 보도하고 있습니다. 전달하는 내용은 같지만, 그 내용에 대한 기자(또는 신문사)의 관점은 사뭇 달라 보입니다. ①이 비교적 중립적인 관점으로 정부의 세금 정책을 보도하고 있다면, ②는 매우 비판적인 관점을 취하고 있습니다.

이러한 해석은 바로 두 문장에서 사용한 단어의 차이에 주목한 결과입니다. 정부가 부동산 세금을 올리는 이유를 표현하면서 ①은 '목

적', ②는 '구실'이라는 단어를 사용했습니다. 표준국어대사전에 따르면 '구실'은 "핑계를 삼을 만한 재료"입니다. '핑계'가 갖는 부정적인 어감을 고려할 때 '구실'이라는 단어는 정부 정책이 '부정적인 의도'를 가지고 있다고 보는 기자(또는 신문사)의 관점을 드러냅니다. 서술어에도 차이가 있습니다. ②는 부동산 세금을 '폭탄'에 비유하고 있습니다. 정부가 부동산 세금을 올린 것이 과도하며 해로운 영향을 미친다는 관점을 표현한 것이지요. ①에서 단지 '인상했다'라는 서술어를 사용한 것과 대조됩니다.

이처럼 필자가 글에서 어떤 단어를, 어느 부분에서, 어떤 의도와 효과를 목적으로 사용하고 있는지 꼼꼼하게 파악하며 읽으면 글 내용뿐 아니라 필자의 의도도 정확하고 깊게 이해할 수 있습니다.

• 문장

문장도 마찬가지입니다. 같은 내용을 전달하더라도 사실을 있는 그대로 설명하는 평서문을 사용할 수도 있고 질문을 하는 의문문이나 느낌을 강조하는 감탄문을 사용할 수도 있습니다. 주어가 행동을 하는 능동문을 쓸 수도 있고, 다른 사람에 의해 행동이 좌우되는 피동문을 사용할 수도 있습니다. 다른 사람의 말이나 생각을 옮기는 인용문 형태를 사용할 수도 있고요. 문장 부호도 의도적으로 사용할 수 있습니다. 느낌표나 따옴표가 없어도 되는데 굳이 이들 문장 부호를 사용했다면 왜 그랬을지 꼼꼼하게 생각해 볼 필요가 있습니다. 다음 글을 볼까요?

콜럼버스 항해의 진실

우리는 흔히 '콜럼버스의 신대륙 발견'이라는 표현을 쓰면서 콜럼버스가 아메리카 대륙을 발견했다고들 한다. 또, 콜럼버스의 항해는 역사적으로 아주 중요한 사건으로 여겨진다. 그 뒤 유럽 사람들이 아메리카로 물밀듯이 밀려들었으며, 아메리카는 물론이고 유럽, 나아가서는 세계 전체의 운명까지도 완전히 달라졌다는 점에서는 주목할 만한 역사적인 사건임에 틀림없다. 그러나 과연 콜럼버스가 아메리카 대륙을 발견했다고 할 수 있을까? '발견'은 아무도 살지 않는 비어 있는 땅을 처음 알아내고 상륙하여 개척했을 때 사용할 수 있는 낱말이다. 그렇다면 콜럼버스가 항해했던 그 시대, 아메리카 대륙은 아무도 살고 있지 않은 비어 있는 땅이었을까?

정범진 외, 『두 얼굴의 나라 미국 이야기』(미래엔아이세움, 2004.) 중에서

먼저 제목을 볼까요? 이 글의 제목은 '콜럼버스 항해의 진실'입니다. 왜 이런 제목을 붙였을까요? 필자는 글 제목을 지을 때 신중하게 고민합니다. 글의 중요한 내용을 전달하면서도 독자의 관심을 끌려면 제목이 중요하거든요. 제목을 주의 깊게 읽고 해석해야 하는 이유입니다. 이 글의 제목에서 눈에 뜨이는 것은 '진실'이라는 단어입니다. 많은 사람이 콜럼버스가 항해를 하면서 아메리카 대륙을 '발견'했다는 것을 '사실'로 알고 있습니다. 그런데 '콜럼버스 항해의 진실'이라는 제목은 좀 의아합니다. 이 제목은 콜럼버스가 아메리카 대륙을 발견했다는 것을 사실로 믿는 일반적인 생각에 의문을 품게 하고, 이

글은 이와 다른 생각을 가지고 있음을 암시합니다.

이렇게 제목을 읽고 의미를 파악한 다음, 첫 문장을 읽습니다. 첫 문장의 뒷부분에 쓰인 표현을 꼼꼼히 살펴봅시다.

① 콜럼버스가 아메리카 대륙을 발견했다고들 한다.

② 콜럼버스가 아메리카 대륙을 발견했다.

③ 콜럼버스가 아메리카 대륙을 발견했다고 한다.

첫 문장의 뒷부분은 ①처럼 쓰였습니다. ①은 인용문입니다. 인용은 내 말이 아닌 다른 사람의 말이나 글을 가져다 쓰는 것이지요. 즉, 이 글의 필자는 '~고들 한다'라는 표현을 사용해 '콜럼버스가 아메리카 대륙을 발견했다.'가 자신의 말이 아니라 다른 사람의 것임을 분명하게 드러내고 있습니다. 그래서 전달하는 내용 면에서는 큰 차이가 없음에도 불구하고 ②와 다른 표현을 사용한 것이지요. 그렇다면 ③과는 어떻게 다를까요? ③처럼 '~고 한다'라는 표현을 써서 인용임을 드러낼 수 있는데 필자는 왜 굳이 '발견하였다고'에 '들'을 붙인 것일까요? '들'은 복수를 나타낼 때 사용하는 말입니다. '콜럼버스가 아메리카 대륙을 발견했다.'는 생각이 한 사람이 아니라 많은 사람에 의해 사실로 받아들여지고 있음을 강조하기 위해 사용했다고 볼 수 있습니다.

• 문장 부호

또한 첫 문장에는 작은따옴표(' ')도 사용했습니다. 작은따옴표는 강조하거나 인용한 말을 나타낼 때 씁니다. 콜럼버스의 신대륙 발견에 작은따옴표를 붙인 것은 그 말을 강조하기 위해서이기도 하지만 이 말이 자신의 말이 아님을 명확하게 표현하기 위해서입니다. 내 말 또는 내 생각과 일치하는 말이라면 굳이 작은따옴표를 붙여 인용임을 강조할 이유가 없겠지요. 이러한 이해는 글 제목과 연관 지을 때 더 분명해집니다. 앞서 살펴본 것처럼 제목에서 콜럼버스 항해에 대한 일반적인 생각이 사실이 아닐 가능성을 암시했고, 첫 문장은 필자가 콜럼버스가 항해를 통해 아메리카 대륙을 발견했다는, 일반적인 생각과 다른 생각을 하고 있음을 드러내고 있습니다. 제목과 첫 문장을 이렇게 표현한 뒤 필자는 이후 이어지는 글에서 보다 구체적으로 콜럼버스 항해와 아메리카 발견에 대한 자신의 다른 생각을 제시하고 있습니다.

이처럼 글을 읽으면서 내용이나 필자가 전하고자 하는 바를 정확하게 파악하고 근거를 가지고 추론하거나 판단하기 위해서는 글에 쓰인 표현을 꼼꼼하게 파악하며 읽어야 합니다. 왜 이 단어를 선택했는지, 왜 이러한 문장 유형을 사용했는지, 어떤 문장 부호를 왜 그 부분에서 썼는지 등을 생각하며 읽어야 하지요.

• 표, 그림

글에 그림이나 도표, 사진 같은 시각 자료가 있다면 그 자료에 어떤 정보가 담겨 있는지, 글로 전달하는 내용과 어떤 관련이 있는지 세밀하게 파악해야 합니다. 과거와 달리 요즘에 쓰인 글에는 문자만이 아니라 표나 그림과 같은 시각 자료가 많이 사용됩니다. 단어, 문장, 문장 부호만이 아니라 시각 자료도 꼼꼼히 살펴 읽어야 하는 까닭입니다. 시각 자료를 읽는 방법에 관해 한 가지 예를 들어 간단히 설명하겠습니다.

다음의 표는 어느 과자 봉지에 적힌 영양 성분표입니다. 건강을 위해 과자 봉지에 적힌 영양 성분 정보를 꼼꼼히 읽는 사람이 더러 있습니다. 그럼 이 과자는 성분이 어떤가요? 건강에 해롭지는 않을까요? 이 영양 성분표를 언뜻 보고 '열량도 180킬로칼로리로 그다지 높지 않고, 지방이나 나트륨 함량도 하루 기준치에 비해 높지 않은걸.' 하고 생각하고 안심하면서 한 봉지를 다 먹는 사람도 있을 겁니다. 그러나 안타깝게도 이 영양 성분과 기준치는 과자 한 봉지 무게인 400그램 기준이 아닌, 40그램 기준입니다. 즉, 과자 한 봉지 전부가 아니라 단지 과자의 10분의 1에 대한 영양 정보인 것이지요. 만약 한 봉지를

열량 180kcal						
탄수화물	30g	9%	포화지방	3.2g	21%
단백질	3g	5%	콜레스테롤	0mg	0%
칼슘	50mg	7%	나트륨	320mg	16%

1회 제공량(40g) 기준(총 10회 제공량 400g), % 영양 성분은 1일 영양 성분 기준치에 대한 비율

다 먹는다면 이 표의 수치에 10배를 해야 합니다. 매우 작은 글씨로 표 아래에 쓰여 있어서 무심히 지나칠 수 있지만 건강에 신경을 쓰려고 이 표를 읽는 사람이라면 그 내용까지 꼼꼼히 챙겨서 읽어야 합니다. 그래야 원하는 정보를 정확하게 얻고 그에 따라 판단하고 행동할 수 있기 때문입니다.

이처럼 정확하게 내용을 파악하고, 바르게 추론하고 평가하기 위해서는 작은 표현 하나에도 주의를 기울여 해석하는 꼼꼼한 읽기 방법이 필요합니다.

배경지식 활용하며 읽기

배경지식은 읽을 글과 관련하여 독자가 가지고 있는 지식을 일컫는 말입니다. 배경지식에는 글과 관련된 사회 문화적 맥락에 관한 지식, 글이 중요하게 다루는 화제나 주제에 관한 지식뿐만 아니라 글 구조에 관한 지식 등이 있습니다. 이 중 앞의 두 지식은 글과 직접적으로 관련되는 지식이고, 맨 뒤의 지식은 글과 직접적인 관련성은 떨어지지만 읽기에 필요한 정보를 제공하는 지식입니다. 앞서 설명한 것처럼 읽기란 본디 추론적 행위이기 때문에 이들 지식을 가지고 글을 읽으면 빠르고 쉽게, 정확하게 추론하면서 글을 읽어 낼 수 있습니다. 배경지식을 활용하여 읽지 않으면 추론하기가 어렵고, 추론하더라도 정확하지 않은 추론, 잘못된 추론을 하기 쉽습니다.

배경지식의 종류	사회 문화적 맥락에 관한 지식
	글의 중심 화제나 주제에 관한 지식
	글 구조에 관한 지식

• 사회 문화적 맥락에 관한 지식

먼저 독자는 글과 관련된 사회 문화적 맥락 지식을 활용하여 글을 읽어야 합니다. 사회 문화적 맥락은 글이 쓰인 시대 또는 그 글이 배경으로 하는 시대의 상황이나, 그 시대 사람들이 공유하는 가치나 규범, 기대나 관습 등을 의미합니다. 글은 특정한 시대의 독특한 환경 속에서 쓰이므로 세상의 모든 글에는 그 글이 쓰이거나 그 글이 배경으로 하는 시대의 사회 문화적 맥락이 반영되어 있습니다. 따라서 글을 잘 이해하기 위해서는 글 자체만이 아니라 그 글과 관련된 맥락에 대한 이해가 필요합니다.

글과 맥락의 관계는 나무와 숲에 비유할 수 있습니다. 글이 나무라면 맥락은 그 나무를 둘러싸고 있는 환경인 숲입니다. 나무는 고유의 특성도 있지만, 숲의 특성이나 숲이 처한 상황의 영향도 받으며 살아갑니다. 그래서 나무의 생김새나 상태, 특징에 대한 이해는 나무 자체에 내재된 생물학적 특성만이 아니라, 나무를 둘러싼 숲의 상황이나 특성을 함께 이해할 때 온전히 이루어질 수 있습니다. 글도 비슷합니다. 글을 쓰는 필자는 진공 상태에서 홀로 살아가지 않으며, 글 속 정보 역시 특정한 상황을 전제로 구성됩니다.

글을 잘 이해하려면 글 자체를 꼼꼼하게 읽는 것과 함께 그 글이 속한 시대나 공간의 사회 문화적 맥락에 관한 지식을 적극적으로 활용하며 읽어야 합니다. 그래야 글 내용이나 필자 의도를 정확하고 효율적으로 이해할 수 있습니다. 다음 예를 볼까요?

① [내돈내산] 반려동물 영양 간식 솔직 후기

② 김 선생님은 어린이를 사랑하면서도 존중하는 분입니다. 어린이와 대화하는 것을 좋아하셨는데, 어린이에게 언제나 존댓말을 쓰셨습니다.

①은 제품을 사용한 후기를 적은 인터넷 블로그 제목입니다. '내돈내산'은 내 돈을 주고 내가 샀다는 뜻을 압축한 말인데, 필자는 '반려동물 영양 간식 솔직 후기'라는 제목 앞에 이 말을 붙여 두었습니다. 자신의 글이 '솔직한 후기'임을 강조하기 위해 업체의 지원을 받지 않고 자신의 돈으로 물건을 구입했음을 분명하게 드러낸 것이지요. 이러한 제목은 많은 블로거가 제품 사용 후기를 적으면서 업체로부터 지원을 받은 사실을 숨기고 정직하지 못한 글을 써서 사회적으로 비판을 받았던 사건을 염두에 둔 것입니다. 즉, 자신은 제품을 자기 돈으로 구입하고 어떤 경제적 고려 없이 솔직하게 글을 쓰고 있다는 것을 독자에게 알려 글의 신뢰성을 높이고자 하는 것이지요. '내돈내산'이라는 말과 관련한 이러한 사회 문화적 지식이 있다면, 독자는 글쓴

이의 의도를 더 잘 파악할 수 있을 것입니다.

②는 '김 선생님'이라는 인물에 대해 설명하는 글의 일부입니다. 여러분은 이 글이 말하고자 하는 바를 어렵지 않게 이해했을 겁니다. 필자는 김 선생님이 왜 어린이를 사랑하고 존중하는 사람이라고 생각하는지를 밑줄 친 부분을 통해 뒷받침하고 있다는 것도 쉽게 파악하였을 거고요.

그런데 이러한 이해는 여러분이 이 글과 관련된 사회 문화적 맥락에 대한 배경지식을 가지고 있기에 가능한 것입니다. 여러분은 한국어가 존댓말과 같은 높임법이 있는 언어라는 점, 존댓말은 상대에 대한 존중을 표현한다는 점, 변화하는 추세이기는 하지만 아직까지 우리 사회에서 존댓말은 나이에 따라 차별적으로 사용된다는 점 등에 대한 지식이 있습니다. 그래서 어린이에게 언제나 존댓말을 사용하는 것은 김 선생님이 어린이를 존중하는 사람이라는 필자의 생각을 뒷받침한다고 판단할 수 있지요. 만약 한국어의 높임법이나 한국 사회의 나이에 따른 높임법의 사용을 모른다면 즉, 사회 문화적 맥락에 관한 지식이 없다면 이 글을 이해하기는 쉽지 않을 겁니다. 이처럼 우리가 글을 이해하고 해석할 때에는 그 글이 생산된 사회문화적 맥락에 대한 지식이 있어야 하고, 그 지식을 활용하며 글을 읽으면 효과적으로 글을 이해할 수 있습니다.

• 화제나 주제와 관련된 지식

배경지식에는 글이 중요하게 다루는 화제나 주제와 관련된 지식도 포함됩니다. 글은 '무언가'에 관해 필자가 알고 있는 정보나 생각, 의견이나 감정을 표현한 것이니까요. 그 무언가를 우리는 화제나 주제라고 말합니다. 글을 쉽고 빨리, 정확하게 이해하려면 그 글이 다루는 화제나 주제에 관해 많은 지식을 갖고 있고, 그것을 읽으면서 활용하는 것이 유용합니다. 앞서 설명한 것처럼 읽기란 글에 숭숭 뚫린 구멍을 메꾸어 가며 이해하는 과정인데, 독자가 화제나 주제에 관한 배경지식을 많이 활용할수록 이러한 메꾸어 이해하는 과정이 원활하게 이루어지기 때문입니다. 다음 예를 보겠습니다.

> 농악은 농촌에서 농부들이 행하였던 우리 고유의 음악이다. 농악은 모내기나 김매기와 같은 농사일을 할 때 함께 즐기고 흥을 돋게 함으로써 노동의 힘겨움을 잊게 하고 협력적으로 일하려는 마음을 가지게 하는 데 기여했다.

이 글을 쉽게 이해할 수 있었나요? 쉽게 이해했거나 그러지 못했다면 그 이유는 무엇일까요? 이 글을 빠르고 정확하게 이해하려면 농악에 대한 지식, 모내기나 김매기와 같은 농사에 대한 지식이 필요합니다. 농악이 어떤 음악이길래 함께 즐기고 흥을 돋게 하는지, 협력적인 마음을 가지게 하는 데 기여하는지 알아야 하고, 농사일인 모내기나 김매기가 어떤 일인지, 얼마나 힘든지, 협력이 필요한 일인지 등등을 알아야 합니다. 이러한 지식이 없는 독자라면 이 글은 이해하기 쉽지 않습니다.

관련 지식을 적게 가지고 있더라도 알고 있는 지식을 최대한 끌어 들여 활용하는 것이 좋습니다. 그래야 추론이 원활하게 이루어질 수 있습니다. 글이 다 말하지 않은 부분을, 글에 쓰인 내용을 단서로 삼아 여러분이 가진 지식으로 메꾸어 이해할 수 있으니까요.

만약 배경지식이 충분하지 않다면 어떻게 해야 할까요? 이 경우에는 책의 화제나 주제와 관련하여 자신이 알고 있는 것을 최대한 떠올려 보는 브레인스토밍(brain-storming)과 같은 전략을 활용할 수 있습니다. 브레인스토밍은 그대로 번역하면 두뇌 폭풍입니다. 폭풍을 일으키는 것처럼 머리를 써서 자신이 알고 있는 지식을 일깨우는 것입니다. 이는 지식을 글 읽기에 활용하는 데 유용한 전략입니다.

그러나 읽어야 할 글이 내가 전혀 알지 못하는 화제를 다루거나 낯선 분야의 주제를 다루어 제목이나 첫 문장부터 이해하기 어렵다면 어떻게 해야 할까요? 가장 손쉬운 해결 방법은 '검색'입니다. 휴대 전화나 컴퓨터를 켜서 궁금한 단어를 입력하면 바로 검색이 됩니다. 배경지식이 없어 앞의 예시 글을 이해하기 어려웠다면 '농악', '모내기', '김매기'를 검색해 보면 됩니다. 검색을 통해 찾은 자료를 몇 개 훑어보면 보다 쉽게 그 글을 이해할 수 있을 겁니다. 많은 경우 사진과 같은 이미지 자료만 훑어보아도 글 읽기에 필요한 배경지식을 구할 수 있습니다. 물론 한국어의 높임법이나 언어 문화와 같은 지식을 검색을 하는 경우에는 이미지 자료를 훑어보는 것만으로는 부족할 수도 있습니다. 이러한 경우에는 온라인 백과사전이나 블로그 등에 실린 짧은 글을 활용하여 필요한 지식을 보충할 수 있습니다.

• 글 구조에 관한 지식

글 이해에 유용한 배경지식으로 글 구조에 관한 지식도 있습니다. 글 구조는 쉽게 말해 글의 짜임입니다. 글은 아무런 순서나 논리 없이 단어나 문장을 모아 놓은 집합체가 아닙니다. 일반적으로 글은 일정한 요소가 특정한 원리에 따라 배열되어 있는, 잘 짜인 구조물이라 할 수 있습니다. 예를 들어, 동화나 소설과 같은 이야기(서사라고도 하지요.)의 경우는 인물, 사건, 배경이라는 요소가 발단-전개-위기(-절정)-결말과 같은 일종의 순서로 제시됩니다. 논설문은 논제, 주장, 이유 및 근거라는 요소가 서론-본론-결론의 순서로 제시됩니다. 글 유형에 따라 각기 다른 요소와 각 요소의 전개 방식이 있지요.

독자는 많든 적든 머릿속에 이러한 글 구조에 대한 지식을 가지고 있습니다. 어릴 적 누군가 '옛날 옛적에'로 시작하는 옛이야기를 들려주었거나 그림책을 읽어 주었다면 여러분은 자신도 모르는 사이에 이야기의 구조를 터득했을 것입니다. 학교 국어 시간을 통해서는 여러 종류의 글을 읽고 분석하는 방법을 공부함으로써 보다 체계적으로 다양한 글 구조에 대한 지식을 가지게 되고요. 그래서 글을 읽어 가면서 다음에 어떤 내용이 나올지, 글이 장차 어떻게 마무리될지

> **유기적**
>
> 생물체처럼 전체를 구성하고 있는 각 부분이 서로 밀접하게 관련이 있어서 떼어 낼 수 없는 것을 말한다. 글을 유기적으로 이해한다는 것은 글의 각 부분의 내용을 밀접하게 연결지으며 이해하는 것을 뜻한다.

예측하거나, 지금 읽고 있는 내용은 이전 내용이나 이후 내용과 어떤 관계인지 짐작하여 글 내용을 **유기적**으로 이해하는 추론적 읽기를 할 수 있습니다.

소설 읽기를 예로 들어 볼까요? 여러분은 학교 안팎에서 여러 작품을 읽어서 소설과 같은 이야기의 구조에 대한 지식을 자기 나름대로 가지고 있습니다. 소설을 읽으면서 주인공은 누구이고 어떤 성격이며, 주인공과 협력적 또는 비협력적 관계에 있는 보조적 인물은 누구인지 쉽게 파악합니다. 작가가 독자에게 작품의 주인공이 누구인지, 인물들의 관계는 어떠하며, 어떤 성격을 가졌는지 직접 설명해 주지 않아도요. 작품 초반부에 주인공이 평화롭게 사는 모습이 그려져 있어도 이야기가 전개되면서 주인공에게 결국 문제가 닥치리라는 것, 어떤 방식으로든 주인공이 문제를 해결하여 결말이 지어질 것임을 예상할 수 있습니다. 이는 독자인 여러분이 소설이라는 유형의 글이 가지는 구조에 대한 지식이 있고, 그것을 활용하여 작품을 읽기에 가능한 일입니다.

설명문과 같이 정보를 전달하거나 독자를 설득하는 데 주된 목적이 있는 비문학적 글도 소설과 마찬가지로 일정한 구조가 있습니다. 학교 국어 시간에 글이 '나열', '비교 · 대조', '주장-근거', '원인-결과', '문제-해결' 등과 같은 틀로 짜여 있다는 것을 배워서 알고 있을 거예요. 이러한 글 구조에 대한 배경지식을 활용하면 글의 흐름은 물론이고 내용 간의 관계 및 중심 내용을 파악하는 데 도움이 됩니다.

예를 들어 볼까요? 글의 구조를 설명해야 하므로 조금 긴 글을 예로 들겠습니다. 다음 글은 2022년도에 시행된 9급 공무원을 선발하는 국어 시험에 제시된 지문 중 하나입니다.[1] 글의 구조를 생각하면서 읽어 보세요.

> 문화란 공동체의 구성원들이 공유하는 생각과 행동 양식의 총체라고 할 수 있다. 문화를 연구하는 사람들의 주된 관심사는 특정 생각과 행동 양식이 하나의 공동체 안에서 전파되는 기제이다.
>
> 이에 대한 견해 중 하나는 문화를 생각의 전염이라는 각도에서 바라보는 것이다. 예컨대, 리처드 도킨스는 '밈(meme)'이라는 개념을 통해 생각의 전염 과정을 설명하고자 했다. 그에 따르면 문화는 복수의 밈으로 이루어져 있는데, 유전자에 저장된 생명체의 주요 정보가 번식을 통해 복제되어 개체군 내에서 확산되듯이, 밈 역시 유전자와 마찬가지로 공동체 내에서 복제를 통해 확산된다.
>
> 그러나 문화 전파의 기제를 설명하는 이론으로는 밈 이론보다 의사소통 이론이 더 적절해 보인다. 일례로, 요크셔 지역에 내려오는 독특한 푸딩 요리법은 누군가가 푸딩 만드는 것을 지켜본 후 그것을 그대로 따라 하는 방식으로 전파되었다기보다는 요크셔 푸딩 요리법에 대한 부모와 친척, 친구들의 설명을 통해 입에서 입으로 전파되고 공유되었을 가능성이 크다.
>
> 생명체의 경우와 달리 문화는 완벽하게 동일한 형태로 전파되지 않는다. 전파된 문화와 그것을 수용한 결과는 큰 틀에서는 비슷하더라도 세부적으로는 다를 수밖에 없다. 다시 말해 요크셔 지방의 푸딩 요리법은 다른 지방의 푸딩 요리법과 변별되는 특색을 지니는 동시

에 요크셔 지방 내부에서도 가정이나 개인에 따라 약간씩 차이를 보인다. 이는 푸딩 요리법의 수신자가 발신자가 전해 준 정보에다 자신의 생각을 덧붙였기 때문인데, 복제의 관점에서 문화 전파를 설명하는 이론으로는 이와 같은 현상을 설명하기 어렵다. 반면, 의사소통 이론으로는 설명 가능하다. 이에 따르면 사람들은 자신이 들은 이야기를 남에게 전달할 때 들은 이야기에다 자신의 생각을 더해서 그 이야기를 전달하기 때문이다.

이 글은 '밈 이론'과 '의사소통 이론'을 소개하면서 문화 전파 기제 이론으로 의사소통 이론이 더 적절함을 설명하고 있습니다. 그런데 이러한 이해는 '문화 전파의 기제를 설명하는 이론으로는 밈 이론보다 의사소통 이론이 더 적절해 보인다.'가 이 글의 중심 문장이라는 것을 찾음으로써 이루어질 수도 있고, 이 글이 비교 · 대조의 구조로 짜였음을 파악함으로써도 이루어질 수 있습니다. 밈 이론과 의사소통 이론이 문화 전파 기제 이론이라는 점에서 공통적이면서도, '복제' 측면에서는 차이를 보인다는 설명은 이 글이 비교 · 대조의 틀로 구성되어 있으면서 문화 전파 기제 이론으로 '의사소통 이론'의 적절성을 논의하고 있음을 파악하게 합니다. 이 글이 비교 · 대조의 구조로 짜였다는 것을 알면 글의 중심 내용을 파악하기가 쉬워지는 것이지요.

이러한 파악은 독자가 비교 · 대조는 두 가지 이상의 대상의 특성을 공통점과 차이점을 중심으로 내용을 전개하는 구조라는 배경지식이 있고, 이를 글 읽기에 활용하는 능력을 발휘했기에 가능한 것입니다.

글 구조에 대한 배경지식과, 이를 글 읽기에 적용하는 것 모두 독자에게 필요한 이유입니다.

만약 글을 읽을 때 그 글이 어떤 구조인지 정확하게 파악하기 어렵다면 또는 애매하다면 어떻게 해야 할까요? 글의 구조를 빠르고 정확하게 파악하는 방법으로 '표지어' 찾기가 있습니다. 표지어란 독자가 쉽게 이해하도록 필자가 글에 대한 정보를 제공하는 일종의 표지판 역할을 하는 표현입니다. 필자의 글쓰기 방식이나 취향에 따라 많고 적음의 차이는 있지만 글에는 대부분 표지어가 있습니다. 다음 표는 글의 구조와, 그 구조를 드러내는 표지어의 대표적인 예를 몇 가지 정리한 것입니다.

이러한 표지어들을 찾아 읽기에 활용하면 글 구조를 빠르고 정확하게 파악하는 데 도움이 됩니다. 앞서 제시한 글에도 표지어가 적잖이 사용되었습니다. 밑줄 그은 '그러나', '달리', '반면'이 대표적인 표지어입니다. 이들 표지어는 앞의 표에서 보는 것처럼 이 글이 비교·대조의 구조로 짜인 글임을 암시합니다. 독자는 이 표지어 뒤에는 앞 내용과 다른 성격의 내용이 나올 것임을 예측하고, 이를 단서 삼아 이

글 구조	표지어
나열	첫째, 둘째, 먼저, 다음, 마지막
비교·대조	그러나, 이와 달리, 한편, 다른, 대조적으로, 비교하면
주장-근거	~이유는 무엇일까? ~까닭을 알아보자, ~이유는 다음과 같다
원인-결과	원인은~, 왜냐하면~, 따라서, 그러므로, ~결과, 결론적으로
문제-해결	이를 위해서~, ~방(안)이 있다, ~무엇을 해야 할까?, ~방법을 알아보자

대표적인 표지어

글의 구조를 판단할 수 있습니다.

물론 이 글에는 '예컨대', '따르면', '일례로', '다시 말해' 등과 같은 표지어도 사용되었습니다. '예컨대'와 '일례로'는 예시를, '따르면'은 인용을, '다시 말해'는 부연 설명이 장차 제시될 것임을 독자에게 알려 줍니다. 그러나 이들 표지어는 전체 글 구조보다는 문장과 문장을 연결하고 문장 사이의 관계를 알리는 기능을 한다는 점에서 앞서 말한 표지어들과 차이가 있습니다. 따라서 표지어를 활용하여 글 구조를 파악하기 위해서는 먼저 표지어를 찾고, 그 표지어가 문장 수준이 아니라 문단 이상 수준에서 내용 간의 관계를 드러내는지를 생각하면서 읽으면 됩니다.

글을 읽는 독자는 능동적인 존재입니다. 글에 쓰인 것을 받아들이기만 하는 존재가 아니라, 자신이 가진 배경지식을 활용하여 적극적으로 의미를 만들어가는 존재인 것이지요. 글을 읽을 때 여러분이 가진 글과 관련된 사회 문화적 맥락에 대한 지식, 글이 중요하게 다루는 화제나 주제에 대한 지식, 글 구조에 대한 지식을 최대한 활용하여 글을 읽어 보세요. 글 읽기가 보다 쉬워지고 글에 흥미를 가지는 데 도움을 받을 수 있을 겁니다.

질문하며 읽기

정확하게 그리고 높은 수준으로 글을 이해하고, 추론하고, 평가하는 읽기 능력을 기르기 위해서는 읽기의 전 과정에서 다양하게 질문하며 읽어야 합니다. 미국 오하이오대학의 조지프(Laurice M. Joseph) 교수 등은 학생이 글을 읽으면서 질문하는 것과 독해 능력의 관계를 조사한 연구들을 종합하여 정리한 논문을 2016년에 발표했는데, 이 연구에 따르면 스스로 질문을 만들며 글을 읽는 학생들은 학년 수준이나, 자신이 만든 질문의 종류와 무관하게 글을 잘 이해한다고 합니다.[2] 질문하면서 읽으면 질문에 답을 찾거나 생각하는 과정에서 글에 집중하게 되어 내용을 더 잘 이해하게 되고, 글을 비판적이고 창의적으로 읽을 수 있습니다.[3]

하지만 많은 독자가 글을 읽으면서 좀처럼 질문을 하지 않습니다. 글 내용을 이해하기에도 바빠서 질문할 여유가 없다고 생각하거나, 무엇을 질문할지 몰라서 또는 굳이 질문하며 읽어야 할 필요성을 느끼지 못해서겠지요.

글을 읽으면서 할 수 있는 질문은 참으로 많습니다. 글에 쓰인 단어의 뜻이나 내용을 물을 수도 있고, 필자가 글을 쓴 이유를 물을 수도 있으며, 그 글의 가치나 그 글을 어떻게 활용하면 좋을지를 물을 수도 있습니다. 다음 글을 읽으며 떠오르는 질문을 한번 적어 볼까요?

개와 고양이의 감정 표현

찰스 다윈

개는 낯선 개나 적대감을 갖는 인간을 마주할 때 몸을 꼿꼿이 세우고 경직된 자세를 취한다. 머리를 약간 들어 올리고 꼬리를 빳빳이 세운다. 목과 등 주위의 털을 곤두세우며 시선을 고정시킨 채 귀를 앞으로 쫑긋 세운다. 이러한 행동은 적을 공격할 때 나타나는 행동과 흡사하다. 적을 만났을 때 개는 성나서 으르렁거리며 돌진 태세를 취한다. 송곳니를 드러내며 귀를 머리 뒤로 바짝 젖힌다. (중략)
이번에는 고양이의 경우를 생각해 보자. 성난 고양이는 성난 호랑이를 보는 것과 같다. 귀를 뒤쪽으로 내린 채 입을 반쯤 벌려 이빨을 드러내고 발톱을 내민 채 앞발로 이리저리 휘둘러댄다. 그러고는 때때로 사나운 소리로 으르렁거린다.

찰스 다윈, 『인간과 동물의 감정 표현에 대하여』, 최원재 번역, 서해문집, 1997 중에서

이 글을 읽으면서 여러분은 어떤 질문을 적었나요? 여러분이 만든 질문은 어떤 의미가 있을까요? 이 글을 읽으면서 떠올릴 법한 질문을 오른쪽 그림으로 나타내 보았습니다. 이를 보면서 질문이 어떤 가치를 지니는지, 왜 질문을 하며 읽어야 하는지에 대해 생각해 봅시다.

• 모르는 단어의 의미를 묻는 질문

"'적대감'이 무슨 뜻이지?'는 모르는 단어의 의미를 묻는 질문입니다. 이러한 질문은 문맥에서 그 의미를 추측하거나 사전의 뜻풀이를 활용하여 답을 찾는 과정에서, 단어의 의미를 정확하게 이해하고 글 내용을 파악하는 데 도움이 된다는 점에서 가치가 있습니다. 특히 질문한 단어가 글의 핵심어일 경우 단어의 뜻을 묻는 질문은 글 내용을 이해하는 데 더욱 유용합니다. 글을 읽으면서 모르는 단어가 무엇인

지 묻고, 적극적으로 그 의미를 파악하고 찾으려는 노력이 필요한 이유입니다.

• 글의 내용을 서로 연결하는 질문

'개와 고양이의 화난 모습이 비슷한지'를 묻는 질문은 글의 내용을 서로 연결하는 질문입니다. 앞의 글은 첫 번째 문단에서 개에 관해, 두 번째 문단에서 고양이에 관해 설명하고 있는데, 이 질문을 함으로써 두 문단의 내용을 연결하여 개와 고양이가 화가 났을 때의 공통점을 찾을 수 있습니다. 이처럼 내용을 서로 연결하는 질문은 독자로 하여금 보다 적극적으로 글 내용 간의 관계를 이해하고 나아가 중심 내용을 파악하게 합니다. 또한 이러한 질문은 글 내용을 연결하여 이해함으로써 글을 새로운 관점에서 읽게 하고, 글에 쓰이지 않은 내용에 대해서도 생각하게 하는 힘이 있다는 점에서도 가치가 있습니다. 글을 새롭게 읽고, 넓게 이해하는 독자가 되려면 글 속 정보와 정보, 내용과 내용을 연결하는 질문을 하고 그 답을 생각하는 활동이 필요합니다.

• 글의 정확성, 체계성에 대한 질문

이 글의 필자인 찰스 다윈이 '개나 고양이를 몇 마리나 보고 이 글을 썼는지'를 묻는 질문은 꽤나 뾰족한 질문입니다. 글에서 제시한 정보를 믿어도 되는지를 평가하는 질문이기 때문입니다. 심지어 진화론을 체계화한 다윈에게 말이지요! 어떤 대상에 관한 정보를 제공하여 설명하는 목적을 지닌 글을 읽을 때에는 그 정보가 정확한지를 판단해야 하고, 그 정보가 어떤 과정과 절차를 거쳐 생산된 것인지도 꼼꼼히 따져 보아야 합니다. 그래야 글에서 제시한 정보를 믿고 받아들일 수 있습니다.

개와 고양이의 감정 표현이 어떠하다는 설명이 믿을 만하려면 한두 마리 개나 고양이를 몇 번 관찰한 결과를 바탕으로 해서는 안 됩니다. 개와 고양이는 종에 따라 성격이 다르고, 또 한두 번 특정한 모습을 보인다고 하여 그것이 개와 고양이의 특성이라고 말하는 것은 과학적으로 엄밀성이 떨어지기 때문입니다. 여러 종의 개와 고양이를 많이, 오랫동안 관찰하고, 신중하게 해석한 결과를 바탕으로 해야 신뢰할 수 있습니다. 객관적인 정보나 지식을 다루는 글의 경우, 과학적이고 엄밀한 탐구 방법을 사용하고 그러한 방법으로 체계적으로 도출한 결과를 제시해야 합니다. 그래야 글에서 다루는 내용을 믿을 수 있습니다.

독자는 글에 제시된 정보나 지식이 정확한지, 그것을 생산한 과정이나 방법은 과학적이고 체계적인지를 물음으로써 글을 비판적으로 읽을 수 있습니다. 현대 사회와 같이 정보와 지식이 넘쳐 나는 지식 기반 사회에서는 정확하고 가치 있는 정보와 지식을 선별하는 능력이 특히 더욱 중요합니다.

• 창의적 질문

'사람이 동물과 어떻게 소통할 수 있을까?'와 같은 질문은 글과 직접적인 관련성은 떨어지지만, 글을 읽으면서 얼마든지 떠올릴 수 있는 질문입니다. 사람이 '개와 고양이의 감정 표현'을 이해할 수 있다면 더 나아가 동물과 소통을 할 수 있을 것이고 그 방법은 무엇일지가 궁금해질 수 있기 때문입니다. 글에 명시적으로 쓰여 있지는 않지만 글을 읽고 생각을 하다 보면 이러한 질문이 자연스럽게 꼬리에 꼬리를 물고 떠오릅니다. 이러한 질문은 글에서 답을 바로 찾을 수 없고 답이 한두 가지로 정해지지 않는 경우가 대부분입니다. 글 내용을 단서로 삼아 생각을 확산해 나가는 질문이기 때문이지요.

이런 창의적인 질문은 답을 생각하는 과정에서 새로운 관점이나 지식을 만들 수 있고, 문제를 해결하는 힘을 얻는 데에도 큰 도움이 됩니다. 우리가 독서를 하는 이유는 책에서 필요하고 가치 있는 정보나 지식을 얻고 배우기 위해서만이 아니라, 책이 제공하는 수준을 넘어 더 넓고 깊은 생각과 통찰력을 가지기 위해서입니다. 이 책을 읽고 개와 고양이가 분노를 표현하는 방식에 대해 알게 되는 것도 필요하지만, 인간이 동물의 감정을 더 잘 이해하고, 동물과 더 잘 소통하는 방법에 관심을 가지고 더 연구를 해 보겠다는 마음을 갖게 되는 것 또한 가치 있는 일 아닐까요? 책에 갇히지 않고 책과 저자의 관점을 뛰어넘는 창의적인 질문을 하고, 그 질문에 답을 찾으려 노력하는 것이 필요한 까닭입니다.

이처럼 독자는 글을 읽어 가면서 모르는 단어의 뜻을 묻는 것부터 똑 부러진 답을 하기 어려운 창의적 질문에 이르기까지 다양한 수준의 질문을 할 수 있습니다. 이들 질문은 글을 정확하고 비판적으로 이해하는 데뿐만 아니라 창의적인 사고를 하는 데에도 도움을 준다는 점에서, 독자라면 적극적으로 질문하고 답을 생각하며 글을 읽어야 합니다.

• 읽기 전, 읽기 중, 읽기 후의 질문

읽기 전, 중, 후의 과정에 따라서도 다양한 질문을 할 수 있습니다. 다음 표를 볼까요?

읽기 전에 독자는 글의 제목이나 필자, 차례를 보고, 또는 소제목이나 삽화 등을 보고 '이 글은 어떤 내용을 다루는가?', '필자는 이 글을

읽기 과정	질문의 예
읽기 전	• 이 글은 어떤 내용을 다루는가? • 필자는 이 글을 통해 무엇을 말하고자 하는가? • 나에게 필요한 정보는 어디에 있을까?
읽기 중	• 이 단어(문장)는 어떤 의미를 지니는가? • 이 내용은 앞 내용과 어떤 관련이 있는가? • 이후에 어떤 내용이 이어질까? • 이 글의 중심 내용은 무엇인가?
읽기 후	• 이 글을 통하여 필자가 이루고자 하는 것은 무엇인가? • 이 글은 읽을 만한 가치가 있는 글이었나? • 이 글은 나에게 필요한 정보를 충분히 제공했는가?

읽기 과정별 질문의 예

통해 무엇을 말하고자 하는가?', '나에게 필요한 정보는 어디에 있을까?' 등과 같은 질문을 할 수 있습니다. 이러한 질문을 떠올리며 글을 읽으면 배경지식을 활용하여 글 내용을 예상하고 필자의 의도를 추론하며 자신에게 필요한 정보를 빨리 찾으며 읽는 데 도움이 됩니다.

글을 읽어 가는 과정에서는 쓰인 내용을 이해하거나, 내용과 내용을 연결하여 이해하거나, 뒤에 나올 내용을 예측하거나, 중심 내용을 파악하는 질문을 할 수 있습니다. '이 문장은 어떤 의미를 지니는가?', '이 내용은 앞 내용과 어떤 관련이 있는가?', '이후에 어떤 내용이 이어질까?', '이 글의 중심 내용은 무엇인가?'와 같은 질문을 할 수 있지요. 이러한 질문을 제기하고 답을 생각하면서 읽으면 내용을 정확하게 파악하고 적극적으로 추론하며 읽을 수 있습니다.

질문은 글 읽기를 마치고 나서도 할 수 있습니다. 글 전체 내용과 필자의 의도를 관련짓거나 글의 가치를 판단하거나 자신의 읽기 목적이 성취되었는지를 확인하는 질문이 가능합니다. 예컨대 '이러한 내용을 통해 필자가 이루고자 하는 것은 무엇인가?', '이 글은 읽을 만한 가치가 있는 글이었나?', '이 글은 나에게 필요한 정보를 충분히 제공했는가?' 등과 같은 질문을 할 수 있습니다. 이러한 질문은 읽기를 마무리하면서 글 내용을 종합하고 글의 가치와 자신의 읽기 목적 달성 정도를 판단하는 데 유용합니다.

• 대상에 따른 질문

또 누구에게 질문하는지, 질문 대상에 따라서도 다양한 질문을 할 수 있어요. 질문은 글, 필자 그리고 독자 자신에게 할 수 있습니다. 다음 표는 대상에 따른 질문의 예를 보여 줍니다.

대상	질문의 예
글	• 이 글의 주제는 무엇인가? • 이 글에 사용된 정보는 정확하고 믿을 만한가? • 이 글의 의의나 가치는 무엇인가?
필자	• 필자가 이 글을 쓴 이유는 무엇인가? • 필자는 어떤 상황에서 이 글을 썼을까? • 필자는 이 글을 쓰는 데 충분한 지식이나 경험을 가진 사람인가?
독자 자신	• 나는 왜 이 글을 읽고자 하는가? • 나는 글을 잘 이해하며 읽는가? • 나의 읽기 목적을 달성하였는가?

대상에 따른 질문의 예

먼저 글을 대상으로 하는 질문으로는 글 내용을 확인하고, 믿을 만한지 판단하고, 다른 글과 비교하거나 글의 가치가 무엇인지 생각하는 질문이 가능합니다. '이 글의 주제(중심 내용)는 무엇인가?', '이 글에 사용된 정보는 정확하고 믿을 만한가?', '이 글의 표현은 적절한가?', '이 글은 비슷한 화제나 주제를 다룬 다른 글들과 어떤 점에서 같고 다른가?', '이 글의 의의나 가치는 무엇인가?'와 같은 질문이 글을 대상으로 하는 질문입니다.

질문은 글을 쓴 필자에게도 할 수 있습니다. 글은 필자가 독자와 소통하기 위해 쓴 것이기 때문에 필자에게 질문하며 읽는 것은 독자가 필자의 '말 걸기'에 적극적으로 반응하며 읽는 방법입니다. '필자가 이 글을 쓴 이유는 무엇일까?', '필자는 어떤 상황에서 이 글을 썼을까?', '필자는 어떤 독자가 읽을 것이라고 기대하면서 이 글을 썼을까?', '필자는 이 글을 쓰는 데 충분한 지식이나 경험을 가진 사람일까?' 등과 같은 질문이 필자에게 할 수 있는 질문입니다. 이들 질문은 독자로서 필자의 의도와 글을 쓰게 된 맥락을 파악하는 데뿐만 아니라 글의 신뢰성이나 적절성을 판단하는 데에도 기여할 수 있습니다.

• 스스로에게 질문하고 답하기

질문은 독자 자신에게도 할 수 있습니다. 질문이 늘 타인이나 다른 대상에게만 향하는 것은 아니니까요. 어쩌면 우리를 더 성장하게 하는 질문은 자기 자신을 향해 던지는 물음일 수 있습니다. 읽기에서는 독자로서 자신과 자신의 읽기를 돌아보게 하는 질문이 그런 질문이지요.

글을 읽는 전 과정에서 독자는 스스로에게 다양한 질문을 할 수 있습니다. 먼저 읽기 전에는 '나는 왜 이 글을 읽고자 하는가?'와 같이 자신의 읽기 목적을 확인하거나 '나는 이 글을 읽는 데 필요한 경험이나 지식이 있는가?'와 같이 자신의 배경지식 정도를 묻는 질문을 할 수 있습니다. 이들 질문은 독자로 하여금 자신이 글을 읽는 이유를 분명히 하게 하여 읽기에 스스로 의미를 부여하고 초점화된 읽기를 하는 데 유용합니다. 또한 자신이 그 글을 읽는 데 필요한 배경지식이 충분하지 않다고 생각되면 관련 자료를 먼저 찾아보는 등의 읽기 전 활동을 할 수 있겠지요.

글을 읽는 과정에서는 '나는 글을 잘 이해하며 읽는가?', '나의 글 읽기의 어려움은 무엇이며, 그것을 어떻게 해결할 것인가?'와 같이 자신이 잘 읽고 있는지를 점검하거나, '나에게 필요한 정보는 어디에 있는가?'와 같이 읽기 목적에 비춰 자신에게 필요한 정보를 찾게 하는 질문을 할 수 있습니다. 글을 다 읽고 나서는 '나에게 도움이 되거나 감동을 준 점은 무엇인가?'와 같이 글이 자신에게 미친 영향을 묻거나, '나의 읽기 목적을 달성하였는가?'와 같이 읽기 전에 의도한 읽기 목적을 성취했는지를 확인하는 질문을 할 수 있습니다. 이들 질문을 제기하고 답하면서 독자는 자신의 읽기

메타 인지

상위 인지라고도 한다. 메타인지는 자신의 인지 과정에 대해 한 차원 높은 시각에서 관찰·발견·통제·판단하는 정신 작용으로 '인식에 대한 인식' '생각에 대한 생각'이다. 쉽게 말해 자신이 무엇을 알고 무엇을 모르는지 아는 것, 자신의 생각(인지)에 대해 판단하는 자기 인지 능력을 뜻한다.

과정과 결과를 스스로 점검하고 조정하게 됩니다. 흔히 우리가 **메타 인지**라고 부르는 사고 활동을 할 수 있게 되는 것이지요. 메타 인지를 작동시켜 읽기 목적을 효과적으로 성취하고, 독자로서 자신을 이해하는 능동적이고 성찰적인 독자로 성장하기를 원한다면, 글을 읽을 때 스스로에게 질문을 제기하고 답하기가 꼭 필요합니다.

>> 핵심 정리 <<

- 글을 잘 읽는 방법으로 꼼꼼하게 읽기, 배경지식 활용하며 읽기, 질문하며 읽기의 세 방법을 이야기할 수 있다.
- 꼼꼼하게 읽기는 글에 쓰인 표현에 주목하면서 글 내용을 이해하는 읽기 방법이며, 꼼꼼하게 읽는 대상은 단어, 문장, 문장 부호, 표, 그림 등이다.
- 배경지식은 읽을 글과 관련하여 독자가 가지고 있는 지식을 일컫는다. 배경지식에는 글과 관련된 사회 문화적 맥락에 관한 지식, 글이 중요하게 다루는 화제나 주제에 관한 지식, 글 구조에 관한 지식 등이 있다.
- 정확하게 그리고 높은 수준으로 글을 이해하고, 추론하고, 평가하는 읽기 능력을 기르기 위해서는 읽기의 전 과정에서 다양하게 질문하며 읽어야 한다. 모르는 단어의 의미를 묻는 질문, 글의 내용을 서로 연결하는 질문, 글의 정확성, 체계성에 대한 질문, 창의적 질문, 읽기 전·중·후의 질문, 글·필자·독자 자신 등 대상에 따른 질문 등이 있다. 글을 읽는 전 과정에서 독자는 스스로에게 다양한 질문을 할 수 있으며, 이는 메타인지에 따른 사고 활동이다.

징검다리

삶 속에서 질문의 의미

지금으로부터 2500여 년 전에 살았던 고대 그리스의 철학자 소크라테스는 아테네에서 젊은이들과 함께 인간과 삶의 본질을 찾기 위해 이야기를 주고받는 것을 좋아했습니다. 이때 소크라테스가 즐겨 사용했던 대화 방법이 '질문'입니다. 말에는 당연하다고 생각하는 것이 숨겨져 있는 경우가 많습니다. 소크라테스는 우리가 당연시하는 것에 대해 하나하나 따지는 질문을 던져 젊은이들을 지혜의 세계로 이끌었습니다. 플라톤이 쓴 책 『국가』에는 소크라테스가 던졌던 질문이 등장하는데, 한번 살펴볼까요?

소크라테스 자네 기분이 어떠한가?

트라시마코스 우울합니다.

소크라테스 우울하다는 것은 무엇인가?

트라시마코스 침울하다는 것입니다.

소크라테스 침울하다는 것은 무엇인가?

트라시마코스 기분이 더럽다는 것입니다.

소크라테스 기분이 더럽다는 것은 무엇인가?

트라시마코스 모르겠습니다.

소크라테스 그래, 자네는 그래도 낫네. 자네는 자네가 모른다는 것을 알고 있지 않은가?

어떤가요? 트라시마코스는 소크라테스와 주고받은 꼬리에 꼬리를 무는 질문을 통해 적어도 '우울하다'라는 자신의 기분이 무엇을 의미하는지 잘 모르고 있다는 것을 알게 되었지요. 아마도 그는 이후에 이러한 감정의 본질이 무엇인지 더 깊이 생각할 수 있었을 것입니다. 이렇듯 질문은 답을 찾기 위해서 던지기도 하지만, 답을 찾아가는 과정을 만들어 나가기 위해서 주고받기도 합니다.

소크라테스의 질문을 우리가 공부를 할 때에 적용해 보면 어떨까요? 읽은 책의 내용을 하나하나 꼼꼼히 따져 읽어야 할 때, 글 속에 숨겨진 글쓴이의 의도를 파악해야 할 때 질문을 만들어 본다면 글을 더욱 깊게 읽을 수 있을 것입니다.

질문은 공부를 할 때만 필요한 것이 아닙니다. 친구들과 고민을 나눌 때에 질문을 주고받으면 어떨까요? 친구가 속상하다는 말을 했을 때 그 말 한마디로는 담아내지 못한 친구의 감정을 더 읽기 위해 질문을 해 보거나, 속상한 감정을 느끼게 된 이유를 알 수 있는 질문을 해 본다면 친구의 마음을 더 잘 이해할 수 있게 될 것입니다.

질문은 모르는 것에 대해 궁금함을 표현하는 행동입니다. 그 궁금함이 우리 삶에 의미 있는 물음표로 자리 잡기 위해서는 궁금함을 해결해 가는 과정 하나하나에도 질문을 던질 필요가 있답니다.

4강
작문력을 기르는 방법은 무엇인가?

1

작문력의 세 요소

앞서 말했듯 문해력에는 독해력만이 아니라 '글을 쓰는 능력'인 작문력도 포함됩니다. 무엇인가를 읽고 이해하려면 읽을 대상이 필요하겠지요. 사람들이 읽을 글을 생산하는 행위가 쓰기이고, 쓰기를 잘하는 능력이 바로 작문력입니다. 독해력은 쓰기라는 행위가 생겨났기에 가능하고 필요한 능력이라고 해도 크게 틀리지 않습니다.

1강에서 수메르인들이 계약 관계 등을 정확하게 기억하기 위해 기록의 필요성을 인식하고 인류 최초의 문자인 쐐기 문자를 발명했다고 설명했지요. 그 이후로 사람들은 여러 가지 이유로 글을 써 왔습니다. 그리고 그러한 글을 읽기 위해 독해력을 계발해 왔고요.

작문력을 구성하는 요소

문해력을 구성하는 중요한 축인 작문력은 능숙한 수준까지 능력을 계발하기가 독해력만큼이나, 어쩌면 그보다 더 어렵습니다. 있는 것을 이해하는 것을 넘어 스스로 무언가를 생산해 내는 힘이 필요하기 때문이지요. 더욱이 내가 하고 싶은 말을 다른 사람이 읽고 이해하고, 나의 감정에 공감하며, 내 생각에 동의하도록 글을 쓰는 힘은 여러 가지 능력을 고루 갖추었을 때 비로소 발휘할 수 있습니다.

그렇다면 작문력을 구성하는 요소에는 무엇이 있을까요? 작문력

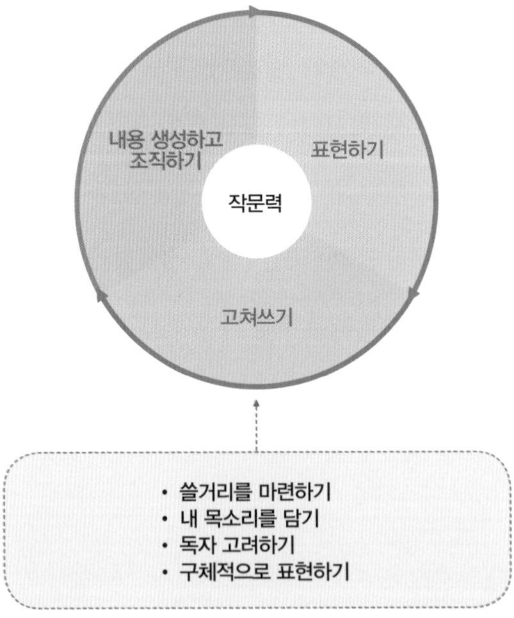

작문력을 구성하는 요소들

은 내용 생성하고 조직하기, 표현하기, 고쳐쓰기의 세 요소가 합쳐진 것으로 볼 수 있습니다. 즉, 작문력을 갖추었다는 것은 쓸 내용을 마련하여 체계적으로 조직한 것을 정확하게 문장으로 표현하고, 이를 지속적으로 고쳐 나가는 능력이 있음을 뜻합니다.

내용 생성하고 조직하기

첫 번째로 필요한 작문력의 요소는 '내용 생성하고 조직하기'입니다. 이는 쓸거리를 찾아 일정한 순서나 틀에 따라 묶는 것을 의미합니다. 모든 글은 그 안에 정보나 지식, 감정, 의견, 생각 등을 담고 있습니다. 글에 내용이 없거나 빈약하다면 독자가 글을 읽을 이유가 없습니다. 읽어도 시간만 허비할 뿐 글로부터 의미 있는 무언가를 얻지 못하니까요.

필자가 유명한 사람이라서 또는 표지가 멋져서 책을 빌리거나 구입해서 봤다가 실망한 적이 있나요? 또는 인터넷에서 제목을 보고 관심이 가서 클릭해서 읽었는데 괜히 시간 낭비만 한 것 같아 기분 상한 적은요? 이런 경험이 있다면 그 원인은 대부분 내용이 기대에 미치지 못했거나 기대와 다른 데에 있을 겁니다. 애써 읽었는데 누구나 아는 하나 마나 한 말만 쓰여 있거나, 믿음직하지 못한 정보를 근거도 없이 나열했거나, 제목과 다른 엉뚱한 내용을 담고 있다면 시간이 아깝다고 느낄 겁니다. 필자라면 독자에게 실망감을 주거나 시간을 아까워하게 만드는 글은 쓰지 말아야겠지요.

좋은 글은 정확하고 읽을 가치가 있는 내용을 풍성하게 담고 있습니다. 어떤 대상에 관해 설명하거나 정보를 전달하려는 목적으로 쓰는 글이라면, 독자가 몰라서 알고 싶어 하거나 잘못 알고 있는 것을 바로잡아 줄 수 있는 정보나 지식을 담아야겠지요. 어떤 문제에 대한 해결 방안을 주장하는 글이라면 왜 그런 주장을 하는지, 그렇게 주장하는 근거와 그 근거를 뒷받침하는 자료는 무엇인지, 자신의 주장을 받아들이면 어떤 좋은 점이 있는지 등을 내용에 포함해야 합니다. 내가 느낀 감정이나 내게 있었던 일을 공유하고 싶어서 쓰는 글이라면 독자가 공감하고 경험을 실감 나게 받아들일 수 있도록 구체적인 상황이나 사건 그리고 그에 대한 자신의 마음을 상세하게 담아야 합니다.

물론 이처럼 읽을 만한 가치가 있는 내용을 충분히 마련하는 것이 쉽지는 않습니다. 대다수 사람이 글을 쓸 때 뭘 써야 할지 모르겠고, 쓸 내용이 마땅하지 않아 힘들어하는 것도 글 내용을 마련하는 것이 어려운 일임을 증명합니다. 꽤 머리 아프기는 하지만 글 내용을 잘 마련하는 것이 불가능하지는 않습니다. 글의 내용을 마련하는 방법에는 여러 가지가 있습니다. 그 방법을 익히며 내용을 생성하는 힘을 기르면 작문력을 갖출 수 있습니다.

그런데 좋은 내용을 많이 담고 있어도 글이 두서없으면 독자가 이해하기 어렵습니다. 사람들은 글을 쓸 때 자칫 자신이 하고 싶은 말이나 생각이 떠오르는 대로 글로 옮기기 쉬운데, 이 말 저 말을 생각나는 대로 쓰면 독자는 필자가 하고 싶은 말이 무엇인지 파악하기가 어려워집니다. 초등학교 5학년 학생이 쓴 다음의 글을 읽어 볼까요?

> 스트레스를 풀 수 있고 친구들과 함께 온라인에서 대화하다 보면 실제로 우리 반에 저랑 유치원 6살 때부터 알고 지낸 애가 있는데 친하진 않았는데 게임을 하다 보니깐 같이 즐기면서 이기면 칭찬도 해 주고 그러면 저는 칭찬을 좋아해서 기분이 막 좋아지고 저도 칭찬해 주고 하다 보면 좋은 말을 주고받을 수 있습니다.

이 글이 쉽게 이해가 되나요? 아마도 이 학생이 설명하고 싶었던 것은 '온라인 게임의 장점'이라고 대강 짐작되지만, '애써' 헤아려 읽어도 이 글이 무엇을 말하는지 쉽고 분명하게 이해되지는 않습니다. 게임에 대해 머릿속에서 떠오르는 생각을 두서없이 글로 옮겼기 때문이지요.

이와 달리 체계가 잡혀 짜임새 있게 조직된 글은 독자가 큰 어려움 없이 읽어 가면서 내용을 쉽게 파악할 수 있습니다. 작문력은 풍부한 내용을 '처음-중간-끝'이나 '서론-본론-결론'과 같은 글의 틀이나 형식에 맞춰 체계적으로 조직하는 능력을 필요로 합니다. 이런 능력이 없으면 독자가 읽어도 얻는 것이 없거나 무슨 말을 하고자 하는지 이해하기 힘든 글을 쓸 수밖에 없게 됩니다.

표현하기

두 번째로 필요한 작문력의 요소는 '표현하기'입니다. 글을 쓸 때 내가 생성하고 구성한 내용이 바로 표현되면 얼마나 좋을까요? 그런데 글에서 쓸 내용을 잘 만들었다 하더라도 글이 잘 써지지 않을 때가 있습니다. 안타깝게도 한참을 생각했는데도 내가 하고 싶은 말이 과연 이 문장으로 다 표현된 것일까 의심이 들 때도 있습니다. 심지어 도대체 어떻게 표현해야 내가 하고 싶은 말을 할 수 있을지 단어조차 떠오르지 않을 때도 있습니다.

이런 문제를 해결하기 위해서는 내가 하고 싶은 말을 찾고 그 말에 꼭 맞는 문장을 만들어 내는, 표현하는 힘이 필요합니다. 머릿속에 있는 내용은 단어와 문장으로 표현되어야 비로소 글로 실현됩니다. 단어와 문장은 글을 이루는 기본 요소로, 필자는 단어와 문장을 통해 자신이 하고자 하는 말을 전달할 수 있습니다. 문장은 생각을 표현하는 단위입니다. 문장이 모여 문단을 이루고, 문단이 모여 글을 이루지요. 문장이 정확하거나 명확하지 않게 쓰이면 글을 이해하기 어렵습니다. 예를 들어 다음 문장을 살펴볼까요?

'4차 산업 시대는 사물 인터넷 등을 보거나 해야 적응을 할 수 있다.'

이 문장은 언뜻 보면 무엇을 말하려는지 대강은 알 수 있을 것 같지만 잘 살펴보면 그 뜻을 알기 어렵습니다. 문장에서 말하고자 하는 바가 명확하지 않아요. 글은 문장이 모여 이루어지는데 이렇게 정확하거나 명확하지 않은 문장으로 이루어진 글은 이해하기 어렵습니다. 그리고 문장은 단어가 모여 만들어지기 때문에 단어가 적절하지 않으면 문장의 의미를 파악할 수 없습니다. 그러니 문장을 쓸 때는 자신이 전하고자 하는 내용을 잘 담고 있는 단어를 골라서 명확하게 제시해야 합니다. 평소에 단어를 많이 알고 있다면, 그리고 그 단어가 어떠한 문장에서 어떤 의미를 전달할 때 사용되는지 많이 보았다면, 내가 글을 쓸 때에도 단어를 쉽게 골라 쓸 수 있습니다. 책을 많이 읽으면 글도 잘 쓰게 된다고 하는 이유가 이 때문입니다.

내가 알고 있는 것, 생각하고 있는 것을 정확한 문장으로 표현하는 능력은 학교에서도 앞으로 점점 더 중요해질 것입니다. 우선 학교의 평가가 객관식 시험에서 서술형 · 논술형 평가로 바뀌어 가고 있기 때문이지요. 주어진 답 중에서 하나를 고르는 객관식 시험과 달리, 서술형 · 논술형 평가는 학생이 직접 문장으로 답안을 구성해야 합니다. 여러분이 배운 것을 얼마나 잘 알고 있는지, 어떤 역량을 갖추고 있는지 제대로 드러내려면 정확한 문장을 쓰는 것이 필요합니다.

단어로 문장을 만든 다음에는 문장을 모아 문단을, 문단을 모아 글을 써야겠지요? 우리는 흔히 글이 통일성을 갖추어야 한다고 말합니다. 이 말은 글은 내용으로도, 형식으로도 하나가 되어야 한다는 뜻입니다. 글은 서로 긴밀하게 관련된 문장들이 연속적으로 배열된 하나의 구조물입니다. 문장들이 서로 관련이 없다면 한 편의 글을 구성하는 데에 방해가 됩니다. 그러니 글을 쓸 때는 문장의 내용이, 문단의 내용이 서로 연관되어 전체적으로 하나의 모습을 갖추고 있는지 계속해서 살펴봐야 합니다.

한 가지 더! 요즘에는 문자만이 아니라 표, 그래프, 이미지 등과 같은 매체 자료를 적재적소에 활용하여 표현하는 능력도 중요해졌습니다. 그러니 어떤 내용을 문자로, 어떤 내용을 매체 자료로 표현할지 생각할 필요도 있지요. 예를 들어 여행지에 대한 정보를 담은 글을 쓰려면, 문자와 매체 자료를 어떻게 활용하여 글을 쓰는 것이 좋을까요? 저라면 여행지에 얽힌 이야기는 문자로, 그리고 여행지에 도착해서 보게 된 풍경은 사진으로 표현할 것 같습니다.

고쳐쓰기

마지막으로 필요한 작문력의 요소는 '고쳐쓰기'입니다. 글은 한 번에 쓰는 것이 아닙니다. 한 번에 완성한다고 해서 좋은 글인 것도 아닙니다. '퇴고'라는 말을 들어 본 적 있나요? '퇴고'라는 말의 뜻을 알려면 중국 당나라 시기까지 거슬러 올라가야 합니다.

중국 당나라에는 '가도'라는 시인이 있었습니다. 시인은 나귀를 타고 길을 가면서 자신이 쓴 시를 곱씹어 보다 고민에 빠졌죠. 마지막

구절 때문이었습니다. '스님은 달 아래 고요히 문을 두드리는구나.'라는 구절이 좀처럼 마음에 들지 않았던 것이죠. '두드릴 고(敲)'라는 글자를 쓰면 '스님이 문을 두드린다.'가 되고 '밀 퇴(推)'라는 글자를 쓰면 '스님이 문을 밀었다.'라는 뜻이 되는데, 둘 중 어떤 글자를 골라야 자신의 생각을 잘 담아낼 수 있을지가 시인의 고민이었답니다.

시인은 앞에 누가 오는 줄도 모르고 생각에 빠져 있다가 지나가던 관리의 행차를 가로막게 되어 시종에게 붙잡혔습니다. 시인의 사연을 들은 관리는 '두드릴 고(敲)'가 더 낫겠다는 답을 주었습니다. 그 관리 역시 유명한 시인 '한유'였습니다. 이후 두 사람은 시를 논하며 친구가 되었다고 하지요.

'퇴고'라는 말은 여기에서 비롯되었습니다. 글을 쓸 때 한 글자도 지나치지 않고 여러 번 생각해서 잘 어울리도록 다듬고 고치는 일을 뜻해요. 글을 고치는 것은 아주 오랫동안 사람들이 중요하게 여기는 일이었음을 알 수 있지요.

글을 쓴 다음에는 여러 차례 고쳐 쓰는 과정을 거쳐야 합니다. 보통은 글을 쓸 때 이미 너무 많은 고민을 했기 때문에 내가 쓴 글을 어디서부터 어떻게 고쳐야 할지 알기 어려울 때가 많습니다. 내 친구는 내 글을 읽고 고쳐야 할 부분을 금세 찾는데, 정작 나는 찾지 못한 경험이 누구에게나 있을 것입니다. 왜 그런 일이 생길까요?

우리는 나의 글을, 읽는 사람의 눈이 아니라 쓰는 사람의 눈으로 바라보기 때문입니다. 내가 그 글을 썼을 때 무슨 생각을 했는지, 왜 그

렇게 표현했는지를 알고 있기 때문에, 글과 나를 떨어뜨려서 생각하지 못하지요. 그러면 독자의 눈으로 글을 보려면 어떻게 해야 할까요? 가장 손쉬운 방법은 글을 쓰고 일정한 시간이 지난 뒤에 다시 읽어 보는 것입니다. 보통 사흘 정도 지나면 내가 쓴 글을 잊어버리기 시작한다고들 합니다. 그러면 일단 글을 쓰고 사흘이 지난 후에 다시 꺼내 읽으면 새로운 눈으로 글을 볼 수 있겠죠? 내 글과 멀어지는 시간은 곧 내 글을 객관적으로 보는 데 필요한 시간입니다.

자, 그러면 본격적으로 고쳐쓰기는 어떻게 해야 할까요? 우선 나무보다 숲을 보는 눈을 키워야 합니다. 작은 부분을 하나하나 고치려 하지 말고, 큰 부분부터 고칠 대상으로 바라보는 것이지요. 가장 큰 부분은 글 전체의 내용과 구조가 될 것입니다. 이 부분부터 살핀 다음 문단, 문장 등 더 작은 부분을 살펴보는 것이 필요합니다. 그래야 글 전체 내용에 내가 말하고자 하는 바가 잘 담겨 있는지, 통일성이 있는지, 흐름은 매끄러운지를 확인할 수 있지요.

내가 글에 담고 싶은 내용이 무엇인지 먼저 생각해 보세요. 그리고 꼭 담아내야 하는데 빠진 부분이 없는지를 점검해 보세요. 내용이 다 준비되었다고 생각하면 그때는 뺄 것은 없는지, 순서를 바꿀 부분은 없는지, 꼭 맞는 표현인지를 점검해 보면 됩니다. 이 과정을 여러 번 거치게 되면, 자신만의 고쳐쓰기 방법을 만들어 낼 수도 있을 것입니다. 필자가 100명 있으면 글을 고쳐 쓰는 방법은 100가지가 훨씬 넘을 것입니다. 여러 방법을 사용해 보면서 나만의 고쳐쓰기 방법을 발견해 보세요.

›› 핵심 정리 ‹‹

- 작문력을 갖추었다는 것은 쓸 내용을 마련하여 체계적으로 조직한 것을 정확하게 문장으로 표현하고, 이를 지속적으로 고쳐 나가는 능력이 있음을 뜻한다.
- 내용 생성하고 조직하기는 쓸거리를 찾고 이를 일정한 순서나 틀에 따라 묶는 것을 말한다.
- 잘 표현하기 위해서는 적절한 단어를 골라 문장으로 쓰고, 통일성을 갖추어야 한다. 그뿐만 아니라 표, 그래프, 이미지 같은 자료를 적절하게 활용하는 것도 필요하다.
- 고쳐쓰기를 잘하기 위해서는 먼저 글 전체의 내용과 구조 등 큰 부분부터 살핀 후 문단, 문장 등 작은 부분을 보는 것이 필요하다.

2

작문력을 기르는 쓰기 방법

이제 작문력을 기르는 방법을 좀 더 구체적으로 알아볼까요? 어떻게 하면 내용을 생성하고 조직할 수 있는지, 독자에게 내가 전하고자 하는 생각을 정확하고 구체적으로 표현할 수 있는지 하나하나 알아봅시다. 지금부터 소개하는 네 가지 방법은 여러 연구에서 효과가 검증된 방법입니다. 이들 방법을 온전히 나의 것으로 만들기 위해서는 끊임없이 글을 써 보는 경험이 필요하다는 것을 기억하며 익혀 봅시다.

쓸거리를 마련하기

글을 쓸 때 가장 고민스러운 부분은 쓸거리를 마련하는 부분입니다. 내가 잘 알고 있는 내용에 관해 글을 쓸 때도 무엇을, 어떻게 풀어나가야 할지 생각이 잘 나지 않을 때가 많습니다. 내가 잘 알고 있는 것에 관해 글을 쓰는 것이 쉽다면 세상에서 제일 쉬운 글쓰기는 자기소개서 쓰기가 될 거예요. 하지만 자기소개서만큼 쓰기 어려운 글도 없다고들 하니 이 고민을 어떻게 해결하면 좋을까요?

• 쓰기 과제 파악하기

'무엇'을 '어떻게' 써야 할지 안내해 주는 것을 '쓰기 과제'라고 합니다. 쓰기 과제는 우리가 써야 하는 글의 내용과 방향을 알려 주는 나침반 역할을 하지요. 나침반을 제대로 읽어야 길을 잘 찾아갈 수 있겠지요? 쓸거리를 만들기 위해서는 우선 쓰기 과제를 꼼꼼히 살펴보는 것이 필요합니다. 다음의 쓰기 과제를 살펴볼까요?

> 요즘 외부인들이 방과 후에 학교 운동장을 자주 사용하여 우리 학생들이 운동장을 마음껏 사용하지 못하는 경우가 많다. 이에 이러한 문제를 해결해 달라고 교장 선생님께 건의하는 글을 써서 학교 누리집에 올리려고 한다. 외부인의 학교 운동장 사용으로 불편했던 자신 또는 친구들의 경험을 제시하고, 외부인의 우리 학교 운동장 사용을 제한하는 방법을 건의하는 글을 쓰시오.
>
> (400자 내외)

박혜영 외(2021). 평가를 활용한 초·중등학생 글쓰기 능력 신장 방안 연구(II). 한국교육과정평가원. p.307.

위 쓰기 과제는 초등학교 6학생 학생의 글쓰기를 평가하기 위해서 만든 것입니다. '외부인의 우리 학교 운동장 사용을 제한하는 방법'에 관해 '건의'하는 글을 쓰는 것이지요. 이 쓰기 과제에 따라 글을 쓰려면 먼저 외부인이 우리 학교 운동장을 사용했을 때 어떤 점이 문제인지 생각해 보아야 합니다. 쓰기 과제에서 '자신 또는 친구들의 경험'을 제시하라고 안내했기 때문에 운동장을 마음껏 사용하지 못했던 자신의 경험을 떠올려 보는 것도 필요하겠지요. 그리고 '교장 선생님'이라는 독자를 생각하며 어떻게 건의를 해야 교장 선생님이라는 독자를 잘 설득할 수 있을지도 생각해야 합니다. 쓰기 과제가 이렇게 자세히 제시되면 무엇을 써야 할지 분명히 알 수 있습니다.

그런데 때때로 쓰기 과제가 자세하지 않고 두루뭉술하게 제시되는 경우도 있습니다. 만약 위 쓰기 과제가 '외부인의 우리 학교 운동장 사용과 관련하여 교장 선생님에게 전할 글을 한 편 쓰시오.'라고 간단하게 제시되었다면 외부인이 우리 학교 운동장을 사용했을 때 발생할 수 있는 문제점이 무엇인지, 이를 해결하기 위해 어떠한 근거를 들어야 하는지 등을 스스로 떠올려 보아야 할 것입니다. 언제나 쓰기 과제가 구체적이고 명확하게 제시되는 것은 아니기 때문에 쓰기 과제를 구체화하여 생각하는 것 또한 글을 쓰는 사람의 몫이지요.

• 글의 유형별로 쓸거리 떠올리기

우리는 살아가면서 수많은 글을 씁니다. 그때마다 어떤 쓰기 과제를 바탕으로 글을 쓰게 될지 알 수 없지요. 미리 생각해 볼 수 있는 것은 쓸거리를 어떠한 방향으로 떠올릴 것인가입니다. 우리가 쓰는 글은 크게 세 가지 유형으로 나누어 볼 수 있는데, 각 유형은 쓸거리를 떠올리는 방법이 다릅니다.

첫째, 설명문, 안내문, 보고서 등 독자에게 정보를 전달하는 것을 목적으로 하는 글을 쓸 때는 설명하고자 하는 대상에 집중하며 정보를 정확하게 전달하는 것이 중요합니다. 스스로에게 '내가 전달하고자 하는 정보는 무엇인가?'라는 질문을 하면서, 글의 내용을 풍부하게 만들 수 있는 구체적인 내용을 찾아봅니다. 머릿속에서만 내용을 떠올리려 하지 말고, 글을 읽거나 인터넷에서 자료를 찾는 것도 필요합니다.

둘째, 논설문, 건의문 등 독자를 설득하는 것을 목적으로 하는 글을 쓸 때는 내가 주장하고자 하는 바를 분명하게 드러내는 것이 중요합니다. 스스로에게 '나의 주장이 무엇인가?'라는 질문을 하면서 자신의 주장이 적절한지, 그 주장을 뒷받침할 수 있는 근거는 충분한지 생각해 봅니다. 설득하는 글의 내용을 마련할 때에는 주장과 근거가 잘 연결되어 있는지, 독자를 설득하기에 충분한지를 판단하며 구체적인 내용을 찾아봅니다.

셋째, 일기, 편지 등 자신의 정서와 경험을 표현하고 다른 사람과 감정을 주고받는 것을 목적으로 하는 글을 쓸 때는 감사, 격려, 위로, 축하와 같은 목적에 알맞은 내용을 제시하는 것이 중요합니다. 어떤 상황에서 나의 정서나 경험을 드러내는 것인지, 다른 사람에게 어떤 감정을 전하고 싶은지를 생각하며 글의 내용을 마련하는 것이 필요합니다. 이렇게 어떤 글을 쓰느냐에 따라 생각해야 할 쓸거리가 달라

지므로 글을 쓸 때는 글을 쓰는 목적을 먼저 생각해 보아야 합니다.

• 스스로에게 질문을 던져 보는 '누누무어' 전략

쓰기 과제를 제대로 파악하고 나서도 막상 글을 쓰려고 하면 막막할 때가 많습니다. 내가 쓰려는 내용이 남들이 다 알고 있는 내용인 것 같기도 하고, 내가 잘 알고 있는지 확신이 들지 않을 때도 있지요. 그럴 때에는 쓸거리를 많이 만들어 봅시다. 그러면 그 내용으로 글을 쓸 수 있을지, 내가 잘 알고 있는지, 모른다면 어떤 글이나 자료를 읽어야 할지 결정할 수 있게 됩니다. 이를 위해 글을 쓰기 전에 스스로 질문을 던져 보면 좋습니다. 글을 쓸 때 활용할 수 있는 질문은 구체적이어야 합니다. '누누무어'를 활용해 보면 어떨까요? '누누무어'는 미국의 한 중학교 교사가 계발한 것을 국내 학자가 응용한 전략입니다.[1]

누 나는 누구인가?
누 누구에게 글을 쓸 것인가?
무 무엇에 관해 글을 쓸 것인가?
어 어떤 형식으로 글을 쓸 것인가?

그러면 실제로 이 방법을 사용해서 쓴 글을 한번 살펴볼까요?

누 1608년 미국의 한 식민지 개척자
누 영국에 사는 친구에게
무 미국의 상태
어 편지

친애하는 찰스에게

새로운 세계에 우리가 정착한 지도 길고 긴 15개월이 지났네. 우리는 도착한 동시에 끔찍한 문제에 시달리고 있네. 추운 겨울을 지내는 동안 굶주림과 질병으로 82명이 죽었다네. 만약 자네가 친절하게도 이 세계로 음식을 조금 더 보내 준다면, 우리는 살 수 있을 걸세. 또한 사냥을 하고 우리 자산을 보호하도록 화기를 좀 더 보내 주길 부탁하네. 인디언들은 우리 땅을 싫어하여, 그들이 우리를 공격할 것을 느끼고 있다네.

고맙네.

제프리. P

정혜승 외, 『창의성 계발을 위한 국어과 교수 학습 전략』, 사회평론, 2006.

이 글은 학생이 미국에 살고 있는 개척자의 입장이 되어 미국의 상황을 영국에 사는 친구에게 알려 주는 편지입니다. '누누무어' 전략을 활용해 글을 씀으로써, 이 글을 쓴 학생은 구체적인 입장을 지닌 필자가 되어 화제에 대해 생각해 보게 되고, 구체적인 독자를 떠올리게 되었습니다. 만약 미국 개척 시대의 상황을 단순히 설명하는 글을 썼다면, 개척자들이 얼마나 고생을 했는지, 무엇을 필요로 하고 있는지와 관련한 구체적인 내용을 담을 수 있었을까요? 글에 구체적인 정보를 담는 것은 매우 중요합니다. '미국 개척 시대의 상황을 설명하는 글을 써 봅시다.'라는 과제는 왜, 누구에게, 어떻게 글을 써야 하는지에 대한 정보를 주지 못하지요. 그러나 '미국의 개척자가 되어서, 영국에 사는 친구에게, 편지로 지금 내가 처한 상황을 자세하게 알려 주는 글을 써 봅시다.'라는 과제를 받았다면 미국 소식을 멀리 떨어진 친구에게 알려 주어야겠다는 목적을 정하게 되겠지요. 또 그 목적을 정했다면 '미국의 개척자'의 관점에서 어떤 상황을 알려 주는 것이 필요할지 생각해 보았을 것입니다. 그리고 독자인 영국에 사는 친구에게 내가 처한 상황을 가능하면 자세히 알려 줄 필요성도 느끼게 되겠지요. 그렇게 내가 얼마나 힘든지 어떤 도움을 필요로 하는지 구체적으로 쓰게 되는 것이지요. 같은 내용을 쓰는 과제지만, 과제를 해결하는 필자의 태도가 사뭇 달라지게 되지요? 실제로 이 전략은 자신이 배운 내용을 새로운 형식으로 정리하게 하여 교과 학습에도 효과가 있다고 알려져 있어, 다른 나라에서는 국어나 사회, 과학 수업 시간에도 사용되고 있습니다.

'누누무어' 전략을 사용하여 스스로에게 질문을 던져 보면 글의 내용을 구체적으로 마련할 수 있습니다. 내가 글을 쓰는 상황에 대해 질문하고 이에 답을 하는 과정을 통해 글의 내용을 만들어 나가는 것이지요. 이 방법은 정보를 제공하는 글을 쓸 때에도 유용합니다. 예를 들어, 물의 순환 과정을 설명하는 글을 구체적이고 창의적으로 쓰기 위해 자신이 바다에 도착한 물방울이 되어 고향에 있는 친구인 나무를 독자로 하여 여행 과정을 알려 주는 편지를 쓸 수 있습니다.

내 목소리를 담기

쓸거리를 찾아 글쓰기를 본격적으로 시작할 때 또 하나 생각해 보아야 할 점이 있습니다. 바로 나의 목소리를 찾는 것이지요. 사람들은 쓸거리를 찾기 위해 인터넷에서 자료를 찾거나 도서관에서 책을 찾아봅니다. 이렇게 우리는 글을 쓸 때 다른 사람의 글을 종종 참조합니다. 특히 어려운 내용, 내가 잘 알지 못하는 내용에 관해 글을 쓸 때는 더 많은 글을 찾아봅니다. 이렇게 찾은 글은 나의 지식이 되어서 내가 글을 쓰는 데에 밑바탕이 됩니다. 그런데 내가 찾은 글에는 내 목소리가 들어 있지 않습니다. 그 글을 쓴 사람의 목소리가 담겨 있을 뿐이지요. 글은 내 생각을 담아내는 것이므로 찾은 자료를 바탕으로 내 목소리를 담아내는 과정이 필요합니다.

'목소리'를 글에 담아낸다는 건 어떤 것일까요? "학생들의 목소리를 듣겠습니다."라는 말을 생각해 봅시다. 이때의 목소리는 학생들이 실제 말하는 말소리가 아니라 학생들의 '의견'을 가리킵니다. 또 '목소리'는 사람의 특징을 나타낼 때도 사용할 수 있습니다. "그 사람의 글에는 독특한 목소리가 담겨 있어."라는 말에서 '목소리'는 그 사람만이 보여 줄 수 있는 개성을 나타냅니다. 즉, 글에 목소리를 담아낸다는 것은 나만의 생각, 느낌, 표현을 담는다는 의미입니다.

그러면 내 목소리를 담은 글을 쓰기 위해서는 무엇이 필요할까요? 우선 내가 전하고자 하는 나의 생각이 무엇인지 명확히 파악해야 합니다. 논리적이고 설득적인 글을 쓸 때에는 독자가 내 생각에 동의하도록 글을 써야 합니다. 그러니 내 생각을 뒷받침할 수 있는 자료를 찾아 글의 내용에 포함하는 것도 필요하지요. 반면 독자에게 나의 감정을 전하거나 독자와 인간적인 관계를 맺기 위한 글을 쓸 때에는 독자가 나의 감정에 공감할 수 있도록 글을 쓰는 것이 좋습니다. 이때에는 독자와 나 사이에 있었던 일을 글의 내용에 포함하는 것이 좋겠지요. 이렇게 내 목소리를 담는 방법은 글을 쓰는 목적에 따라 달라질 수 있습니다.

내 생각이 어느 정도 정리된 후에는 다른 사람이 쓴 글을 읽어 봐야 합니다. 그런 다음 나의 글과 다른 사람의 글을 구분해서 써야 하지요. 내가 쓴 글이 나의 목소리를 잘 담아내고 있는지 끊임없이 점검하면서 말입니다. 글은 오롯이 내 생각만으로 이루어지는 것은 아닙니다. 다른 사람의 영향을 받으면서 내 생각을 바꾸기도 하고 내가 전하고자 하는 내용을 다듬어 가기도 하지요. 그러다 보면 내가 쓴 글이 과연 내 목소리를 담은 것인지 혼란스러울 수도 있습니다. 그리고 이런 혼란 속에서 알게 모르게 다른 사람의 글을 그대로 가져와서 쓰게 되는, '쓰기 윤리'를 어기는 일도 생길 수 있습니다.

쓰기 윤리는 글을 쓰는 과정에서 지켜야 할 도덕적 규범입니다. 이 도덕적 규범에서 핵심은 표절하지 않는 것이지요. 내 글이 아닌데 내 글처럼 쓰는 것은 다른 사람의 생각을 몰래 훔치는 것과 같습니다. 내가 전하고 싶은 내용과 표현을 만들어 가는 것이 글을 쓰는 것인데, 그 과정에서 남의 생각을 훔친다면 옳은 일이 아니죠. 그러면 내 목소리와 다른 사람의 목소리를 구분하여 쓰려면 어떻게 해야 할까요?

첫째, 다른 사람의 말이나 글을 쓰고 싶을 때는 큰따옴표(" ")나 작은따옴표(' ')를 사용하여 그 말을 안아 주세요. 예를 들어 이렇게 쓸 수 있습니다.

> 친구가 말했다. "너 오늘 정말 멋지구나."

둘째, 다른 사람의 말이나 글을 인용할 때는 출처를 밝혀 주세요. 누구의 말이나 글인지 저자의 이름을 밝히고 그 말이나 글이 담겨 있는 책 제목, 웹사이트 주소를 함께 제시해 주세요.

셋째, 다른 사람의 말을 듣거나 글을 읽다 보면 그에 대한 내 생각이나 감정을 표현하고 싶기도 합니다. 내 생각이나 감정을 표현할 때는 인용 부호를 사용하지 않습니다. 다른 사람의 목소리와 나의 목소리를 구분하여 표현하는 것이지요. 다음 글을 살펴볼까요?

> "오늘의 나를 있게 한 것은 우리 마을의 도서관이었다."라는 말이 있다. 이 말은 미국 마이크로소프트사의 빌 게이츠 회장이 1997년 북미 지역 공공 도서관 건립비를 기부하면서 한 말이라고 알려져 있다.

빌 게이츠 회장이 성공하는 데에 있어 도서관이 얼마나 소중한 존재였는지, 도서관에서 책을 읽는 습관을 기르는 것이 얼마나 중요한 일이었는지를 보여 주는 말이라고 생각한다.

이 글을 쓴 사람은 빌 게이츠 회장의 말을 인용했습니다. 그래서 큰따옴표를 써서 인용임을 나타낸 후 그 말을 언제, 누가 했는지도 함께 제시하였지요. 그리고 그에 대한 자신의 생각을 덧붙여 표현했습니다. 이렇게 글 속에서 내 목소리와 다른 사람의 목소리를 구분하여 나타낼 수 있답니다.

구체적으로 표현하기

글을 쓰고 난 다음에 "좀 더 구체적으로 표현하면 어떻겠니?"라는 조언을 받은 경험이 있을 겁니다. 구체적으로 표현하려면 어떻게 해야 할까요?

우선 뜻이 비슷한 단어라도 전달하는 내용에 따라 단어를 섬세하게 골라서 쓴다면 내가 말하고자 하는 바를 보다 분명하고 구체적으로 드러낼 수 있습니다. 다음의 두 문장을 비교해 볼까요?

나는 주위를 살피며 조심스레 길을 걸었다.

나는 주위를 보며 조심스레 길을 걸었다.

두 문장의 다른 점은 '살피며'와 '보며'입니다. 어느 쪽이 조금 더 조심스럽게 주위를 둘러보는 것 같나요? '살피다'는 '두루두루 주의하여 자세히 보다.'라는 뜻이, '보다'는 '눈으로 대상의 존재나 형태적 특징을 알다.'라는 뜻이 있습니다. 이 차이를 생각해 본다면, 주위를 '살피며' 길을 걷는 것이 주위를 '보며' 걷는 것보다 조금 더 조심스러운 행동임을 알 수 있습니다.

이렇게 섬세한 차이를 알고 싶을 때는 사전을 활용하는 것도 좋은 방법입니다. 사전에서 유의어와 반의어의 관계를 살펴본 후 각 단어

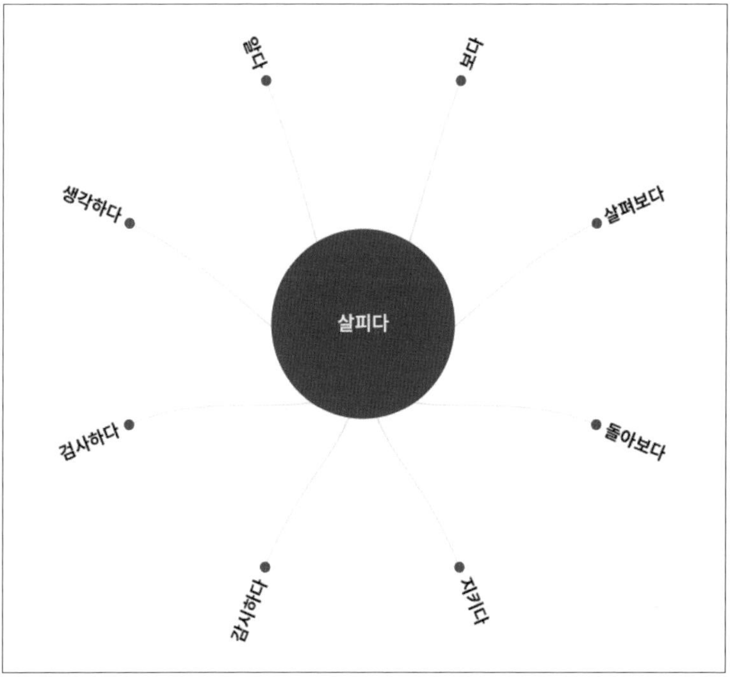

유의어 사전의 예

가 어떤 뜻을 갖고 있는지 확인해 보면 더 정확하고 구체적으로 단어를 사용할 수 있습니다.

내가 겪은 일을 생생하게 나타낼 때, 내 생각을 강조하고 싶을 때에는 따옴표를 사용해 볼 수도 있습니다. '나는 친구에게 머뭇거리며 물어보았다.'라는 표현을 하고 싶다면, 여기에 덧붙여 "음……, 언제 해야 하지?"라고 큰따옴표를 사용한 문장을 넣어 봅시다. 그러면 망설이는 감정을 좀 더 구체적으로 전달할 수 있습니다. 여기에 나만 할 수 있는 말, 내 생각을 가장 잘 보여 줄 수 있는 말을 담아내면 더욱 좋습니다. 다음 두 편의 글 1,2를 읽어 볼까요?[2]

(1)

우유

우유 고마운 우유
우리 뼈를 튼튼하게 해 주지

우유 고마운 우유
키를 쑥쑥 크게 해 주지

우유 고마운 우유

(2)

우유

우유는 맛이 없다.
밍밍하고 토할 것 같다.
엄마는
"우유 마셔야 키 크지."
라고 하신다.
나는 우유가 싫다.
그래도 우리 반에서 젤 크다.
우유를 많이 마시면

소화도 잘되게 해 주지

정말 키가 크는 걸까?

나는 이제 그만 커도 좋다.

두 글의 차이는 무엇일까요? 첫 번째 글은 우유에 관해 누구나 생각할 수 있는 내용을 담고 있습니다. 그에 비해 두 번째 글은 우유를 마시기 싫은 글쓴이의 마음이 잘 나타나 있지요. "나는 이제 그만 커도 좋다."라는 마지막 구절은 '우유가 싫다'는 글쓴이의 생각을 구체적으로 보여 주지요.

독자를 고려하며 쓰기

내가 생각하는 것을 그대로 글로 옮겨서 표현한 것이 좋은 글이라고 말하기는 어렵습니다. 글은 독자와 소통하기 위해 쓰는 것이기 때문에 필자의 생각을 잘 담아내는 것 못지않게 중요한 것은 독자가 잘 이해하는 것이니까요. 독자의 이해를 돕기 위해서는 필자가 자신의 머릿속에 있는 것을 그대로 '말하는' 것보다 '변형하는' 것이 필요합니다. 이 변형 과정은 독자가 내가 전하고자 하는 내용에 관해 무엇을 알고 싶어 하는지, 그것을 어떻게 제시하는 것이 좋을지를 생각하는 과정이라고도 할 수 있습니다.

필자와 독자는 서로 글을 주고받는 관계에 있습니다. 이런 관계를 '수사적' 관계라고 말합니다. 수사적 관계란 필자, 독자, 쓸 내용, 글을 쓰는 목적 등 글쓰기와 관련된 모든 요소를 분명히 파악하고 그에 맞는 언어를 찾아 말이나 글을 주고받는 관계를 말합니다.

예를 들어 볼까요? '전기(電氣)'에 대해서 설명하는 글을 쓰는 상황을 떠올려 봅시다. '전기'라는 단어를 표준국어대사전에서 찾아보면 "물질 안에 있는 전자 또는 공간에 있는 자유 전자나 이온들의 움직임 때문에 생기는 에너지의 한 형태. 음전기와 양전기 두 가지가 있는데, 같은 종류의 전기는 밀어내고 다른 종류의 전기는 끌어당기는 힘이 있다."라는 뜻을 확인할 수 있습니다.

그런데 이 사전적 정의를 유치원에 다니는 동생에게 알려 준다면, 동생이 '전기'에 대해 잘 알 수 있을까요? 아닐 것입니다. 어린 동생에게는 과학적 개념어를 사용하여 정확하게 설명하는 것보다는 전기의 흐름을 물의 흐름에 비유하여 설명하는 것이 더 좋을 것입니다. 이렇게 같은 내용이라도 독자에 따라 용어나 설명 방법을 달리하는 것을 '수사적 관계'를 생각하며 글을 쓴다고 합니다. 글을 쓸 때 독자에게 전하고자 하는 내용의 특성, 독자의 지식이나 감정 등을 생각하며 최선의 방법을 선택하는 것이 바로 수사적 관계를 생각하는 것이지요.

왜 수사적 관계를 생각하며 글을 써야 할까요? 글을 쓰는 것은 필자와 독자 사이에 의사소통을 하는 것입니다. 그런데 독자는 필자가 어떤 생각을 하면서 글을 썼는지, 왜 썼는지 필자에게 직접 물어볼 수 없습니다. 독자는 글을 통해서만 필자의 생각을 알 수 있지요. 그래서 필자는 자신이 전하고자 하는 내용에 대해 독자의 관심을 끌고 독자가 이해할 수 있는 방향으로 쓰려고 노력해야 하지요. 필자는 독자와 성공적으로 만나기 위해 끊임없이 글의 내용과 표현을 다듬어야 하는 것입니다.

글을 쓸 때 독자를 고려한다는 것은 독자가 내 글을 끝까지 읽을 수 있도록 만드는 것, 그리고 독자가 내 글을 쉽게 이해하고 나의 생각에 동의하거나 감정에 공감할 수 있도록 만드는 것입니다. 그러려면 어떻게 해야 할까요? 보이지 않는 독자와 계속해서 대화를 해야 합니다. 이런 대화 상황이 조금 어색해 보이나요? 우리가 글을 읽는 과정을 생각해 보면 그렇게까지 어색하지는 않습니다. 글을 쓰는 사람의 생각에 관해 독자는 궁금한 내용을 계속 질문할 수 있지요.

예를 들어 필자가 '책을 열심히 읽는 것이 필요하다.'라고 말하면 독자는 '왜 그래야 하는데?'라고 질문할 수 있습니다. 필자가 '책을 열심히 읽으면 학업 성취에 도움이 된다.'라고 말하면 독자는 다시 '얼마나 도움이 되는데?'라고 질문할 수 있습니다. 필자는 이러한 방식으로 보이지 않는 독자와 대화를 나누며 자신의 생각을 펼쳐 갑니다. 이렇게 생각을 펼쳐 가면 독자가 궁금해할 만한 것, 독자가 흥미로워할 만한 것을 담아낼 수 있습니다. 그래서 독자를 고려하며 글을 쓸 때 필자의 글은 더 풍성해지고 소통의 가능성은 더 높아지지요. 다음은 독자가 무엇을 알고 있는지 생각해 보고, 독자에게 어떤 내용을 어떻게 전해야 할지 결정할 때 도움이 될 만한 질문입니다.

- 내 글을 읽을 독자는 누구인가?
- 내 글을 읽을 독자가 그 주제에 관해 이미 알고 있는 것은 무엇인가?
- 내 글을 읽을 독자가 알아야 할 것은 무엇인가?
- 내 글을 읽은 독자가 어떤 생각을 갖게 되기를 기대하는가?
  그 결과를 얻기 위해 나는 어떤 말을 어떻게 표현해야 할까?

>> 핵심 정리 <<

- 작문력을 키우기 위해서는 쓸거리를 마련하기, 내 목소리를 담기, 독자 고려하기, 구체적으로 표현하기의 네 가지 방법이 필요하다.
- 쓸거리를 효과적으로 마련하기 위해서는 먼저 쓰기 과제를 파악하고 글의 유형별로 쓸거리를 떠올리는 것이 좋다. 또 스스로에게 질문을 던져 보는 '누누무어' 전략이 유용하다.
- 내 목소리를 담는다는 것은 나만의 생각, 느낌을 표현하는 것을 의미하며, 이 과정에서 쓰기 윤리를 유의해야 한다.
- 구체적으로 표현하기 위해서는 어휘의 섬세한 차이를 아는 것이 필요하다.
- 보이지 않는 독자와 대화를 나누며 글을 쓰면 독자에게 전달하고자 하는 것을 효과적으로 전달할 수 있다.

징검다리

존 발데사리의 연필 이야기

존 발데사리는 문자와 사진을 결합한 작품을 많이 창작한 미술가입니다. 그는 1972년~1973년에 끝이 뭉툭한 연필과 뾰족한 연필을 사진으로 각각 찍고는 그 아래에 다음과 같은 문구를 담은 〈연필 이야기〉라는 작품을 선보였습니다.

"나는 오랫동안 내 차의 계기판에 오래된 연필을 놓고 다녔다. 그것을 볼 때마다 불안했는데, 그 끝이 너무 무디고 더러웠기 때문이다. 나는 항상 그것을 날카롭게 갈아야겠다고 생각했었고, 더 이상 참지 못하고 마침내 그것을 날카롭게 갈았다. 정확히는 모르겠지만, 이것이 예술과 관련해 무엇인가를 함축하고 있다고 생각한다."

발데사리는 뭉툭한 연필과 뾰족한 연필을 보며 이것이 '예술과 관련한 무엇'을 함축하고 있다고 생각했습니다. 그리고 그 생각을 쓰기 과제로 삼아 연필과 예술의 관계를 글로 표현했지요.

여러분은 연필을 보면 어떤 생각이 드나요? 뭉툭한 연필로 글을 쓸 때와 뾰족한 연필로 글을 쓸 때 다른 느낌이 드나요? 연필이 '글쓰기와 관련한 무엇'을 함축하고 있을지 생각해 봅시다. 그리고 그렇게 생각한 이유도 떠올려 봅

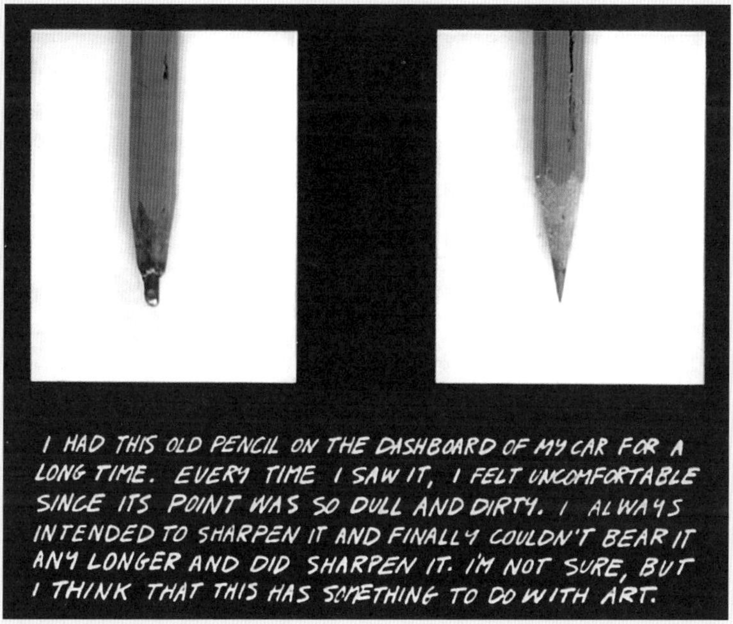

존 발데사리, 〈연필 이야기,〉 1972~1973

시다.

'지금의 나'에게 뭉툭한 연필과 뾰족한 연필의 역할을 하는 것은 무엇일까요? 우리는 수많은 도구나 기기를 활용해 글을 씁니다. 연필, 볼펜, 스마트폰, 컴퓨터 등등 손에 꼽을 수 없을 정도로 많은 도구나 기기가 있지요. 내가 글을 쓸 때 자주 사용하는 도구를 떠올려 봅시다. 그리고 그 도구가 나의 글쓰기와 어떠한 관련이 있는지 발데사리의 글처럼 몇 개 문장으로 설명해 봅시다. 존 발데사리의 〈연필 이야기〉처럼 나만의 '글쓰기 이야기'를 만들어 보세요.

5강
문해력의 핵심, 어휘력을 어떻게 기를까?

1

어휘력, 얼마나 중요한가?

모르는 단어가 많아 글을 이해하기 어려웠던 적이 있나요? 저는 최근 한 방송에서 양자 역학이 컴퓨터 등 우리가 일상에서 사용하는 많은 기기나 사물과 깊이 관련이 있다는 이야기를 듣고, 양자 역학이 무엇인지 궁금해졌습니다. 인터넷으로 검색하니 다음과 같은 문장으로 시작되는 정보를 찾을 수 있었습니다.

"양자 역학은 분자, 원자, 전자, 소립자 등 미시 세계의 현상을 탐구하는 현대 물리학의 하위 분야다."

첫 문장부터 무슨 뜻인지 이해하기 어려웠습니다. 한글로 쓰였고, 문장도 복잡하지 않은 데다 심지어 저는 읽기 능력이 높은 편이라고 자부하는데, 이 문장을 이해하기가 어려운 이유는 무엇일까요? 제가 모르는 단어가 많이 쓰였기 때문입니다. 양자 역학을 구성하는 단어인 '양자'와 '역학'은 물론 '소립자' 역시 들어는 보았지만 뜻을 알지 못하는 단어이고, '분자' '원자' '전자'는 너무 오래전에 배워 정확한 의미를 기억하지 못합니다. 글은 문장으로 구성되고 문장은 단어로 구성되는데 문장을 구성하는 기본 단위인 단어를 모르면 문장은 물론 결국엔 글도 이해하지 못하게 되지요.

읽기와 쓰기 모두에 필요한 어휘력

단어를 아는 어휘력은 글을 읽고 이해하는 능력인 독해력에 영향을 미치는 여러 요인 중 가장 강력합니다. 그 증거로 많은 연구에서 어휘력과 독해력 사이에는 최소 0.3에서 최대 0.8의 상관이 있다는 결과를 제시하고 있습니다.[1] 상관 계수에서는 1에 가까울수록 둘 사이의 관련성이 높아집니다. 마치 다리가 길어지면 키가 커지는 것처럼요. 0.3~0.8이란 상관 계수는 어휘력과 독해력 사이에 관련성이 높다는 뜻입니다. 어휘를 많이 알수록 글을 잘 이해한다는 것 또는 글을 잘 이해할수록 어휘를 많이 안다는 것을 말합니다. 글을 빨리, 정확하게 읽는 능력이 있어도 글에 쓰인 어휘의 의미를 알지 못하면 글을 이해하기 어려운 것은 바로 어휘력이 독해력과 깊은 관련을 맺고 있기 때문입니다.

어휘력은 글을 이해하는 데에만 필요한 것이 아닙니다. 무언가를 글로 표현하기 위해서도 반드시 어휘력을 갖춰야 합니다. 아는 어휘가 많아야 하고 싶은 말을 글로 표현할 수 있으니까요. 그래서 어휘력은 '이해 어휘력'과 '표현 어휘력'으로 나누어 볼 수 있습니다. 글을 읽을 때 필요한 것이 이해 어휘력이고, 글을 쓸 때 필요한 것이 표현 어휘력입니다. 다른 사람이 쓴 글을 이해하려면 그 글에 사용된 어휘의 의미를 아는 이해 어휘력이, 자신의 생각과 감정을 글로 드러내려면 그 생각과 감정에 꼭 들어맞는 어휘를 찾아 쓰는 표현 어휘력이 있어야 합니다.

어휘는 내 감정이나 생각을 다른 사람에게 정확하고도 실감 나게 표현할 수 있는 중요한 도구이므로, 내 머릿속에 표현 어휘가 많을수록 그만큼 글쓰기가 쉬워집니다. 마음속에 하고 싶은 말이 있어도 그것을 표현할 어휘를 알지 못한다면 글쓰기가 어려울 수밖에 없습니다. 우리는 글을 쓸 때 여러 가지 어려움을 겪습니다. 그중에서도 내 생각과 감정을 진솔하고도 실감 나게 표현하거나, 어떤 대상이나 사건을 정확하고 효과적으로 설명하는 데 필요한 단어가 떠오르지 않을 때 글을 써 내려가기 어렵습니다.

또한 독자가 쉽게 이해하고 공감하면서 글을 읽게 하려면 대상과 상황에 맞는 단어를 콕 집어 써야 하는데, 이를 위해서도 내 머릿속에 필요한 표현 어휘가 들어 있어야 합니다. 아는 어휘가 적으면 표현력이 떨어져 글 수준이 높아질 수 없습니다. 어휘가 적으면 같은 단어를 반복해 쓰거나, 의미에 차이가 있는데도 한두 단어로 대상을 뭉뚱그려 표현함으로써 애매모호한 글을 쓰게 되지요. 다음 글을 볼까요?

> ① 오늘 피카소 전시회에 다녀왔다. 대박! 아무리 봐도 왜 그렸는지 모르겠다. 근데도 이렇게 사람이 많다니 대박!
>
> ② 오늘 피카소 전시회에 다녀왔다. 피카소가 그림을 그린 의도를 이해하기가 매우 어려웠다. 그런데도 관람하는 사람이 많아서 놀라웠다.

두 글 중 어떤 글이 보다 분명하게 이해가 잘 되나요? 또 어떤 글이 보다 나은 수준의 글이라고 생각하나요? ①의 글이 이해하지 못할 수준은 아니지만, ②가 좀 더 정확하고 이해하기 쉽고, 말하고자 하는 바를 명료하게 드러내는 글이라는 판단을 할 수 있을 겁니다. 이런 차이는 왜 생기는 것일까요? 하고자 하는 말은 비슷한데요. ①은 필자가 자신의 생각이나 감정을 분명하게 드러내는 단어 대신 '대박'이라는 말을 반복 사용했기 때문에 독자가 글쓴이의 마음을 헤아리는 수고를 해야 합니다. 이에 비해 ②는 '의도', '이해', '매우', '관람', '놀라웠다'와 같은 다양한 단어를 써서, 하고 싶은 말을 보다 명료하게 표현했지요. 독자가 글을 읽으면서 할 일을 덜어 주고, 보다 정확하게 내용을 전달하는 글이 된 것입니다. 두 글의 차이는 결국 전달하고 싶은 내용이 아니라 그것을 표현하는 '어휘'에서 발생한 것입니다.

읽기와 어휘력 사이에 높은 상관관계가 있는 것처럼, 쓰기와 어휘력 사이에도 높은 상관관계가 존재합니다. 2008년 덴마크 코펜하겐

대학의 스태어(L. S. Stæhr) 교수의 연구에 따르면, 어휘를 많이 아는 것과 쓰기 능력 간의 상관 계수가 0.73이라고 합니다.[2] 역시 1에 가까운 값이므로 어휘력과 쓰기 능력 간에는 높은 상관관계가 있음을 시사합니다. 즉, 쓰기를 잘하는 사람은 어휘력이 좋고, 또 어휘력이 좋은 사람이 쓰기를 잘할 가능성이 높습니다.

어휘력은 읽기와 쓰기 능력 모두와 높은 상관이 있으므로 문해력을 갖추기 위해서는 일정 정도 이상의 어휘력을 갖추어야 합니다. 어휘력은 단지 단어를 많이 아는 것만을 뜻하지는 않습니다. 그러나 일단 아는 어휘가 많아야 하는 것은 틀림이 없습니다. 양적인 측면에서 어느 정도 이상의 어휘를 알아야 합니다. 그렇다면 얼마큼 어휘를 알아야 하는 걸까요? 읽기에 필요한 어휘를 중심으로 이야기해 보겠습니다.

글을 잘 읽으려면 어휘를 얼마큼 알아야 할까?

혹시 〈슈렉〉이라는 애니메이션을 본 적이 있나요? 미국 사람이 이 영화의 대본을 읽고 이해하려면 영어 단어를 몇 개나 알아야 할까요? 어느 정도 어휘 지식이 있어야 사전을 자주 찾아보거나, 읽어도 무슨 말인지 이해하지 못하는 어려움을 겪지 않는 것일까요? 2006년 뉴질랜드 빅토리아대학의 네이션(I. Nation) 교수의 연구에 의하면 〈슈렉〉의 대본을 이해하기 위해서는 사람 이름과 같은 고유명사를 제외하고 약 7000개의 어휘를 알아야 한다고 합니다.[3] 일반 소설을 읽는 데에는 약 8000~9000개 어휘를 아는 것이 필요하고요. 영화 대본은 일상적인 대화 중심의 구어로 되어 있어서 문어 중심인 일반 소설보다 이해에 필요한 어휘 양이 적다고 볼 수 있습니다.

한국어를 대상으로 한 연구는 많지 않아서 한글로 된 글을 읽는 데 알아야 할 어휘 수가 몇 개인지 확실한 수치를 말할 수는 없지만, 영어를 대상으로 한 연구 결과를 활용하여 추측을 해 볼 수는 있습니다. 타이완 챠오광 과기대학의 휴 교수 등에 따르면 글 한 편을 최소한의 수준에서 이해하는 데에는 그 글에 사용된 어휘의 약 80퍼센트를 알아야 합니다.[4] 사전과 같은 자료를 참고하지 않고 문맥에서 단어 뜻을 유추하며 독립적으로 글을 잘 이해하려면 글에 사용된 어휘의 98퍼센트 이상을 알아야 하고요. 실제로 여러분이 글을 어려움 없이 잘 이해하려면 어느 정도의 어휘 지식이 필요한지 간단하게 실험해 볼까요? 다음 글을 읽어 봅시다.

> 기축 통화는 국제 거래에 결제 수단으로 통용되고 환율 결정에 기준이 되는 통화이다. 1960년 트리핀 교수는 브레턴우즈 체제에서의 기축 통화인 달러화의 구조적 모순을 지적했다. 한 국가의 재화와 서비스의 수출입 간 차이인 경상 수지는 수입이 수출을 초과하면 적자이고, 수출이 수입을 초과하면 흑자이다. 그는 "미국이 경상 수지 적자를 허용하지 않아 국제 유동성 공급이 중단되면 세계 경제는 크게 위축될 것"이라면서도 "반면 적자 상태가 지속돼 달러화가 과잉 공급되면 준비 자산으로서의 신뢰도가 저하되고 고정 환율 제도도 붕괴될 것"이라고 말했다.

이 글은 2022년에 실시된 대학수학능력시험 국어 영역에 제시된 지문 중 일부입니다. 이 글이 쉽게 이해가 되나요? 만약 무슨 말인지 파악하기 어렵다면 다시 한번 글을 읽으면서 뜻을 모르는 단어에 밑줄을 그어 봅시다. 모르는 단어가 몇 개나 되나요? 이어서 다음 글도 읽어 볼까요? 다음 글 역시 2022년에 실시된 대학수학능력시험 국어 영역에 제시된 지문 중 일부입니다.

> 독서는 자신을 둘러싼 현실을 올바로 인식하고 당면한 문제를 해결할 논리와 힘을 지니게 한다. 책은 세상에 대한 안목을 키우는 데 필요한 지식을 담고 있으며, 독서는 그 지식을 얻는 과정이다. 독자의 생각과 오랜 세월 축적된 지식의 만남은 독자에게 올바른 식견을 갖추고 당면한 문제를 해결할 방법을 모색하도록 함으로써 세상을 바꾼다. 세상을 변화시킬 동력을 얻는 이 시간은 책에 있는 정보를 이해하는 데 그치는 것이 아니라 그 정보가 자신의 관점에서 문제를 해결하는 타당한 정보인지를 판단하고 분석하는 시간이어야 한다.

이 글은 쉽게 이해가 되나요? 이 글에서는 뜻을 모르는 단어가 몇 개나 되나요? 대부분 이 글보다 앞의 글을 이해하기가 더 어려웠을 겁니다. 이러한 차이는 여러분이 글 이해에 필요한 배경지식을 얼마나 가지고 있는가뿐만 아니라 글에 쓰인 어휘를 어느 정도로 알고 있는가 때문에 생깁니다. 두 글은 언뜻 보면 비슷해 보입니다. 길이도 비슷하고 73개 단어(한글 프로그램의 문서 통계 기능을 적용한 결과이나, 엄밀히 말하면 단어가 아니라 띄어쓰기의 단위인 어절의 수라고 할 수 있습니다.)로 이루어졌다는 점에서도 같습니다. 그러나 두 글은 독자들이 모르는 어려운 어휘를 사용한 정도가 크게 다릅니다. 여러분이 밑줄 그은 단어의 수를 보면 바로 알 수 있지요.

앞서 설명한 휴 등의 연구에서 한 주장을 두 글과 관련지어 생각해 봅시다. 이 연구를 적용해 볼 때 73개 단어로 이루어진 두 글을 쉽고 정확하게 잘 이해하려면 여러분은 98퍼센트에 해당하는 대략 71개 이상의 단어를 알아야 합니다. 모르는 단어가 2개 이내여야 한다는 뜻입니다. 만약 여러분이 전체 단어 73개의 80퍼센트인 약 58개 이상의 단어를 알지 못할 경우, 사전이나 외부의 도움이 필요합니다. 모르는 단어 수가 15개를 넘어서면 읽기가 어려워진다는 뜻입니다. 한 글을 대상으로 한 연구 결과를 적용한 사례가 아니어서 수치가 정확하지는 않으나 글에 쓰인 어휘를 일정 비율 이상 알아야 그 글을 쉽게, 잘 이해하는 것은 분명합니다.

>> 핵심 정리 <<

- 글을 이해하기 위해서뿐만 아니라 무언가를 글로 표현하기 위해서 어휘력은 필요하다.
- 글 한 편을 이해하려면 최소한 그 글에 사용된 어휘의 약 80퍼센트를 알아야 한다.

2

어휘력이 있다는 것의 의미

앞서 이야기한 것처럼 단어를 안다는 것은 단어의 뜻을 아는 것만을 의미하지는 않습니다. 뜻이 비슷한 단어 사이의 미세한 의미 차이를 알고 쓰는 것, 단어를 정확하게 소리 내고 어법에 맞게 적는 것, 단어의 구조를 파악하여 모르는 단어의 의미를 짐작하거나 새로운 단어를 만들어 내는 것, 어휘의 종류와 종류별 특성을 이해하고 쓰는 것, 단어를 상황에 맞게 적절하게 사용하는 것 등도 단어를 안다고 할 때 포함되는 요소들입니다. 즉, 단어를 잘 안다는 것은 단어의 기본적인 의미를 아는 것을 넘어 단어와 관련된 이러한 지식과 능력이 있다는 것을 뜻합니다. 이는 단어를 '깊이' 안다고 할 때 가져야 할 것이지요. 단어에 대한 깊은 이해는 읽기는 물론이고 글을 쓸 때 더 중요합니다. 단어의 여러 측면을 깊이 알아야 다양한 상황에서 적절하게 쓸 수 있기 때문입니다.

그래서 어휘력은 두 측면에서 생각할 수 있습니다. 하나는 얼마나 단어를 아는가 하는 '양'의 측면이고, 다른 하나는 단어를 얼마나 깊이 있게 아는가 하는 '질'의 측면입니다. 이를 도식적으로 나타내면 다음과 같습니다.

어휘력 = 어휘 폭 + 어휘 깊이

'어휘 폭'은 기본적인 의미를 아는 단어의 양적 측면을 뜻합니다. 일반적으로 어휘력의 중요성을 언급할 때는 주로 이런 양적 측면에서 단어를 얼마나 많이 아는가, 아는 단어의 폭이 얼마나 넓은가 하는 관점에서 이야기합니다. 그런데 어휘력은 양적 측면만이 아니라 단어와 관련된 지식과 능력을 얼마나 지니고 사용하는가 하는 질적 측면에서도 볼 수 있으며, 이것이 '어휘 깊이'입니다.

어휘력의 양적 측면

이 두 가지 측면을 고려하여 어휘력이 있다는 것의 의미를 조금 더 상세히 살펴볼까요? 먼저 양적 측면의 어휘력입니다. 얼마나 많은 단어를 알아야 어휘력이 있다고 할 수 있을까요? 『등급별 국어교육용 어휘』(김광해, 2003)에서 제시한 등급별 어휘를 고려할 때, 특별히 전문적이지 않은, 일상적이고 일반적인 수준의 언어생활을 하는 데에

1등급 어휘	값, 가을
2등급 어휘	가격, 가을철
3등급 어휘	값어치, 가을걷이
4등급 어휘	값없다, 가을볕

값과 가을 관련 등급별 어휘

는 3만 4000개 정도의 어휘가 필요하다고 볼 수 있습니다.[5] 이 연구에 따르면 국어 어휘는 총 23만 8000개 정도이며, 사용되는 범위나 어려움의 정도에 따라 7등급으로 나뉩니다. 1등급이 가장 쉽고 널리 쓰이는 기초적인 어휘이고 등급이 올라갈수록 어려워지고 사용 빈도가 낮아집니다. 특정한 분야에서 사용되는 전문어를 다수 포함한 5등급 이상의 어휘는 20만 4000개 정도입니다. 1~4등급에 속하는 3만 4000개 정도의 어휘를 알면 특정 영역의 전문 지식을 요구하지 않는 일상적이고 일반적인 수준의 글을 읽고 쓸 수 있다는 추측이 가능합니다. 바꿔 말하면 3만 4000개 정도 단어를 알면 어느 정도 어휘력이 있다고 말할 수 있을 겁니다. 물론 특정한 전문 분야에서 문해력을 발휘하기 위해서는 5등급 이상의, 훨씬 더 많은 단어를 알아야겠지만요.

영어를 쓰는 미국인을 대상으로 한 연구에 따르면 20세 즈음에 사람들은 평균적으로 4만 2000개 단어를 안다고 합니다.[6] 그런데 사람마다 아는 어휘 양에 차이가 있어서 어휘력이 부족한 하위 5퍼센트의 사람들은 약 2만 7000개 단어를, 어휘력이 풍부한 상위 5퍼센트의 사람들은 약 5만 2000개 단어를 안다고 합니다. 하위 5퍼센트에 속한 사람들과 비교하여 상위 5퍼센트에 속하는 사람들은 2만 5000여 개 단어를 더 안다고 할 수 있습니다. 두 배에 가까운, 실로 엄청난 차이이지요. 이러한 아는 단어의 차이는 바로 어휘력의 차이로 이어집니다.

◆ 어휘력의 질적 측면 ◆

어휘력은 단어를 얼마나 아는가 하는 양적 측면과 함께 얼마나 단어에 대해 깊이 알고 쓰는가 하는 질적 측면을 가진다고 하였습니다. 이번에는 질적 관점에서 말하는 어휘 깊이에 대해 알아봅시다. 어휘 깊이는 다음 표에서 볼 수 있는 바와 같이 단어에 대한 여러 지식을 알고 사용하는 것을 뜻합니다.

- 어휘 깊이
  - 단어의 소리와 표기
  - 단어 사이의 관계
  - 단어의 짜임
  - 단어의 용법

• 단어의 소리와 표기

먼저 단어의 정확한 소릿값과 표기법을 알아 바르게 발음하고 적는 능력이 있습니다. 어휘력이 있다면 단어를 바르게 발음하고 적을 수 있습니다.

그럼 다음 두 문장에서 이상한 부분을 찾아 바르게 고쳐 볼까요?

① 그런 말을 하다니 어의없네.

② 신뢰지만 몇 살이세요?

문맥을 고려할 때 '어의'는 '어이'로, '신뢰'는 '실례'로 고쳐야 합니다. 실제 글에서 종종 볼 수 있는 이러한 오류는 왜 생기는 걸까요? '어이'나 '실례'의 뜻은 알고 있으나, 그에 해당하는 정확한 발음이나 표기를 알지 못한 데에 주된 원인이 있습니다.

• 단어 사이의 관계

단어 사이의 관계를 아는 것도 깊이 측면에서 갖추어야 할 어휘력의 중요한 요소입니다. 단어 간의 관계는 크게 유의 관계, 동형 관계, 반의 관계, 상하위 관계로 나누어 볼 수 있습니다. 의미가 서로 비슷할 때는 유의 관계, 뜻은 다르지만 소리나 표기는 같을 때는 동형 관계, 뜻이 상반될 때는 반의 관계, 의미의 크기가 달라 서로 포함하거나 포함될 때는 상하위 관계에 있다고 합니다. 이처럼 단어와 단어는 다양한 관계를 맺고 있는데, 이러한 관계를 정확하게 파악하고 쓸 수 있을 때 어휘를 깊이 알고 어휘력이 있다고 말할 수 있습니다.

① ㉠ 선생님께 칭찬을 받으니 부끄럽고 친구들이 축하해 줘서 부끄럽다.

㉡ 선생님께 칭찬을 받으니 부끄럽고 친구들이 축하해 줘서 쑥스럽다.

② ㉠ 선생님께 칭찬을 받으니 부끄럽다.

㉡ 선생님께 칭찬을 받으니 수치스럽다.

'부끄럽다'는 '수줍다, 창피하다, 쑥스럽다, 수치스럽다' 등의 단어들과 유의 관계에 있습니다. '부끄럽다'와 유의 관계에 있는 이 단어들을 안다면 ①-㉠과 같이 '부끄럽다'를 두 번 반복하는 단순한 문장을 쓰지 않을 수 있습니다. 이는 유의 관계에 있는 단어들을 알면 내 생각과 감정을 보다 적확하고 풍성하게 표현할 수 있음을 보여 줍니다. 또한 유의 관계에 있는 단어 사이의 미세한 차이를 알면 ②-㉡과 같이 어색한 표현을 사용하지 않게 됩니다. '수치스럽다'는 부끄러운 마음을 표현하여 '부끄럽다'와 유의 관계에 있지만, 주로 부정적인 상황에서 사용한다는 점에서 차이가 있습니다.[7] 이처럼 단어와 단어가 어떤 점에서 같고 다른지를 아는 단어 간의 관계에 대한 지식은 어휘를 깊이 아는 어휘력의 요소입니다.

• 단어의 짜임

어휘력의 질적 요소에는 단어의 짜임을 이해하고 파악하는 능력도 포함됩니다. 단어는 '강'이나 '나무'처럼 실질적인 의미가 있는 형태소 하나만으로 이루어지기도 하고, '강물'이나 '밤나무'처럼 실질적 의미가 있는 둘 이상의 형태소가 모여서 이루어지기도 합니다. '맨발'과 '맨손'처럼 실질 형태소('발'과 '손')에 접사('맨-')가 붙어서 만들어지기도 하고요. 단어의 짜임에 대해 안다는 것은 단어를 이루는 성분을 알고, 이들 성분이 단어 안에서 서로 어떤 관계를 맺으며 의미를 만들어 내는지에 관해 아는 것을 뜻합니다. 다음은 새들의 이름입니다. 이 이름들이 어떻게 짜여 있는지 살펴볼까요?

> **형태소**
>
> 일정한 뜻(의미)을 가진 가장 작은 말의 단위를 말한다. 단어는 혼자 자립해서 쓸 수 있는 말이며, 단어를 의미 단위로 더 쪼갠 것이 '형태소'이다. 자립성 · 실질적 의미 유무에 따라 자립 형태소, 의존 형태소, 실질 형태소, 형식 형태소로 나뉜다.

① 뜸부기 - 쇠뜸부기 - 쇠뜸부기사촌
② 청다리도요 - 쇠청다리도요 - 청다리도요사촌

①만 보면 알기 어렵지만 ②까지 보면 이 새들의 이름이 어떻게 짜여 있는지 추측할 수 있습니다. '뜸부기'와 '청다리도요'에 각기 '쇠-'와 '사촌'이란 말이 붙어서 다른 새 이름이 만들어졌다는 것을요. 이러한 추측은 여러분이 단어는 그것을 구성하는 요소로 나눌 수 있다는 것을 알고, 새와 같이 특정한 범주에 속하는 이름에 있는 일정한

패턴을 파악하는 능력이 있기 때문에 가능한 것입니다. 나아가 만약 여러분이 '기러기'보다 작은 '쇠기러기'를 떠올리며 '쇠-'는 크기가 작을 때 사용하는 접두사이고, '사촌'은 가까운 친척을 나타내는 사촌처럼 비슷하게 생긴 것을 나타낼 때 사용하는 말임을 생각한다면 '쇠뜸부기'나 '쇠뜸부기사촌'은 물론이고, '쇠청다리도요'나 '쇠청다리도요사촌'이라는 새 이름이 어떻게 만들어졌으며, 이 새들이 서로 어떤 관계에 있는지를 추측할 수 있게 됩니다. 이처럼 단어의 짜임에 대한 지식이 있다면 단어를 깊이 이해하고 잘 모르는 단어의 의미도 추측해 낼 수 있습니다. 단어의 짜임에 대한 앎이 어휘력의 질적 요소가 되는 이유입니다.

• 단어의 용법

마지막으로 깊이 측면의 어휘력은 단어의 용법에 대한 지식도 포함합니다. 어휘력이 있다면 단어를 상황에 맞게 적절하게 사용할 수 있기 때문에 단어의 쓰임새에 대해 아는 것이 중요합니다. 단어는 말이 주는 느낌인 어감이나 사용되는 범위 또는 대상에 따라 그 쓰임이 자연스러울 수도 있고 매우 부자연스럽게 느껴질 수 있습니다. 다음 문장을 읽어 보세요. 자연스럽게 읽히나요? 그러지 않는다면 무엇 때문일까요?

① 그는 우리 대표팀을 승리로 이끈 장본인이다.

② ○○○은 어린 시절부터 독서를 즐겨 되게 유식하였다.

③ 사람의 품질과 근면함은 돈과 명예보다 소중하다.

위 세 문장은 모두 자연스럽지 않습니다. ①은 '그'를 긍정적으로 기술하면서 '장본인'이라는 부정적인 어감이 있는 단어를 사용하였기 때문에 어색하게 느껴집니다. '장본인' 대신 어떤 일을 주도적으로 행하였다는 점에서는 비슷하나 긍정적인, 최소한 중립적인 어감을 갖는 '주역(主役)'이나 '주인공'을 사용해야 문장이 자연스러워집니다. 이는 단어에는 사전적 의미 이외에도 정서적이거나 가치 판단을 포함하는 '어감'이 있다는 것을 보여 줍니다. 어휘를 깊이 알면 이러한 미세한 어감 차이를 알고 사용할 수 있습니다.

②는 언뜻 읽어서는 부자연스럽게 느껴지지 않을 수 있습니다. 그러나 이 문장이 글(전기문)에 쓰였다는 점을 고려하면 '되게'는 어색합니다. '되게'라는 부사어는 주로 말로 소통하는 상황에서 사용됩니다. 이와 달리 비슷한 의미인 '매우'는 주로 글로 소통하는 상황에서 사용됩니다. 이처럼 단어 중에는 말과 글을 구분하여 사용해야 하는 것이 있기 때문에 그 차이 역시 판단할 수 있어야 합니다. 구어에 사용되는 단어는 보다 친근하고 쉽게, 문어에 사용되는 단어는 보다 격식 있고 무게감 있게 느껴집니다. 물론 최근에는 소셜 미디어가 빈번

하게 사용되면서 구어와 문어의 경계가 점차 흐려지는 추세이기는 합니다. 그러나 공적인 문서 특히 자기소개서나 보고서와 같이 형식이 중요한 문서에는 일상적인 구어로 느껴지는 단어를 사용하지 않는 것이 좋습니다. 상황에 적절한 소통 능력이 부족해 보일 수 있기 때문입니다.

③은 '품질'이라는 단어 때문에 비교적 쉽게 어색한 문장이라는 판단을 할 수 있었을 겁니다. 한국어를 모국어로 사용하는 사람들은 '품질(品質)'을 물건의 성질을 표현할 때 사용합니다. 사람을 이야기할 때에는 쓰지 않지요. 그런데 한자어인 이 단어를 중국에서는 ③과 같이 물건은 물론 사람에게도 사용합니다.[8] 언어나 문화에 따라 같은 단어라도 쓰임새가 다르다는 것을 알 수 있습니다. 우리가 용법에 맞게 단어를 사용해야 하는 이유지요. 또한 서로 다른 언어와 문화적 배경을 가진 사람들의 사용법을 이해할 필요도 있습니다.

지금까지 살펴본 것과 같이 어휘력은 단지 단어를 얼마나 많이 아는가로만 평가할 수 없습니다. 양적 측면에서만 아니라 질적 측면에서도 단어를 깊이 이해하고 쓰는 능력을 갖추어야 어휘력이 있다고 말할 수 있습니다.

>> **핵심 정리** <<

- 어휘를 깊이 있게 안다는 것은 단어의 소리와 표기, 단어 사이의 관계, 단어의 짜임, 단어의 용법을 아는 것을 말한다. 특히 단어에는 사전적 의미 외에 정서적이거나 가치 판단을 포함하는 어감이 있기 때문에 다양한 용법에 맞추어 언어 생활을 해야 한다.
- 어휘력은 단어를 얼마나 많이 아는가로만 평가할 수 없다. 양적 측면에서만 아니라 질적 측면에서도 단어를 깊이 이해하고 쓰는 능력을 갖추어야 어휘력이 있다고 말할 수 있다.

3

어휘력을 기르는 방법

어휘력을 어떻게 기를 수 있을까요? 어휘력은 언어 능력의 일종이지만 다른 언어 능력과 다르게 평생에 걸쳐 발달합니다. 예를 들어 문장을 바르게 만드는 능력은 3세 즈음에, 글자를 읽는 능력은 초등학교 입학을 전후하여 어느 정도 마무리되지만, 어휘력은 일정한 시기에 습득이 끝나지 않고 지속됩니다. 우리가 살아가면서 무언가를 배운다는 것은 결국 학습하는 대상과 관련된 어휘를 학습하는 것과 크게 다르지 않기 때문이지요.

사전 찾기의 생활화

어휘력을 기르는 방법에는 여러 가지가 있지만 여기에서는 세 가지를 추천하고자 합니다. 먼저 사전 찾기의 생활화입니다. 사전을 가까이 두고 모르거나 혼란스러운 단어를 찾아 이해하는 습관을 들이는 것이지요. 그런데 많은 사람이 사전을 이용하지 않는 것이 현실입니다. 국립국어원에서 2019년 우리나라 성인을 대상으로 조사한 연구에 따르면, 평소에 국어사전을 이용한다고 응답한 사람은 약 33퍼센트에 불과했습니다.[9] 성인 세 명 중 한 명만 국어사전을 찾아보는 셈이지요. 생활 속에서 접하게 되는 수많은 어휘 중 알지 못하는 것이 적지 않을 텐데 그냥 지나치고 마는 것입니다.

사전은 단어에 대한 정보를 가장 정확하게 주는 중요한 자원이기 때문에 사전 찾기는 어휘력을 기르는 매우 효과적이면서 간편한 방법입니다. 사전은 단어의 뜻을 분명하게 아는 데 유용한 정보를 주어 우리 머릿속 사전을 풍부하게 채웁니다. 머릿속 사전이 풍부하게 채

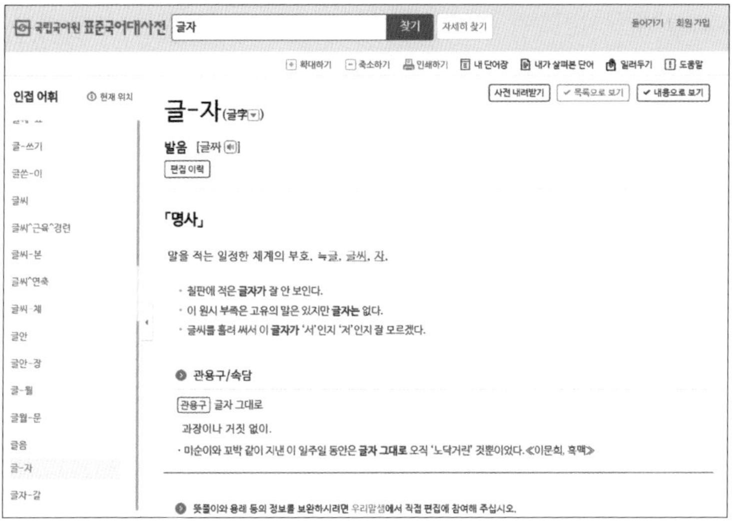

표준국어대사전에서 '글자'를 검색했을 때 나오는 화면

워질 때 우리는 어휘 부자가 될 수 있습니다.

사전은 단어의 뜻을 아는 데에만 유용한 것이 아닙니다. 앞의 그림은 표준국어대사전에서 '글자'를 검색했을 때 나온 정보입니다. 사전은 '말을 적는 일정한 체계의 부호'라는 단어 뜻은 물론이고, '명사'라는 품사 정보 및 '글자'가 쓰인 용법이나 양상 즉, 용례를 보여 줍니다. 특히 용례는 '글자'의 뜻풀이를 이해하기 어렵거나 그 쓰임새를 정확히 알지 못할 때 매우 유용합니다. 또 단어 뜻풀이 옆에는 ≒와 같은 부호를 써서 '글자'와 '글, 글씨, 자'가 유의 관계에 있음을 알려 줍니다. 유의어를 클릭하면 그 유의어에 관한 설명이 제시됩니다. 유의어를 알면 맥락에 따라 자신이 말하고자 하는 바를 적확하게 표현하는 단어를 골라 쓰거나, 글쓴이가 그 단어를 사용한 이유를 글 내용과 관련하여 세밀하게 이해할 수 있습니다. 또한 사전은 '글자'가 고유어 '글'과 한자어 '자(字)'가 결합된 단어라는 점과, 이 '글'과 '자'가 각각 어떤 뜻이 있는지를 보여 줍니다. '글자'가 들어가는 숙어나 속담도 제시하여 단어의 여러 쓰임새를 알 수 있습니다.

표준국어대사전은 발음 정보도 제공합니다. 표기는 '글자'로 하지만 발음은 [글짜]로 해야 한다는 것을 알려 주는데, 확성기 이미지 를 누르면 정확한 발음을 들려줍니다. 국어는 표기와 발음이 일치하지 않는 경우가 많아 어떤 단어를 읽을 때 어떻게 소리 내어야 하는지 헷갈릴 때가 종종 있어요. 예를 들어 '눈이 밝다'를 읽어 볼까요? '밝다'를 어떻게 읽어야 할까요?

정확한 발음을 모르겠다면 사전을 찾아보세요. 기본형인 '밝다'의 발음은 물론이고 여러 어미를 결합해 활용할 때의 표기법과 발음 정보가 제시되어 있으니까요. 애매하거나 분명하지 않을 때 사전을 찾아보세요. 정확한 답을 줄 겁니다.

밝다 **발음** [박따] **활용** 밝아[발가], 밝으니[발그니], 밝고[발꼬], 밝는[방는], 밝지[박찌]

표준국어대사전에 나온 '밝다'에 대한 발음 정보

디지털 기기가 발달한 요즘에는 언제, 어디서든 사전을 이용하기가 쉬울 뿐만 아니라 나만의 국어사전을 만들기도 쉽습니다. 온라인 표준국어대사전에는 '내가 살펴본 단어'를 저장하거나 '내 단어장'을 만들 수 있는 기능이 있어요. 또한 사전에서 주는 정보를 받아들이기만 하는 것이 아니라 뜻풀이나 용례를 수정하거나 보완하고 싶을 때에는 '우리말샘'과 같은 참여형 사전을 활용할 수 있습니다. 우리말을 다듬고 더 풍요롭게 만드는 데 기여할 기회지요.

여러분의 컴퓨터에 국립국어원 사이트를 '즐겨찾기'로 설정하거나 휴대폰에 표준국어대사전 앱을 설치하세요. 전통적인 서책형 사전만이 아니라 온라인 사전을 활용했을 때도 어휘력이 효과적으로 향상되었다는 연구 결과[10]도 있으니 국어사전을 가까이 두고 자주 이용하면 어휘력을 기를 수 있을 겁니다.

단어의 의미 추론하기

어휘력을 기르는 두 번째 방법은 문맥에서 단어의 의미를 추론하는 것입니다. 글에서 낯선 단어를 보았을 때 글 속 정보를 바탕으로 그 의미를 짐작해 내는 방법입니다. 이 방법은 사전을 찾기 어려울 때 유용하지만, 무엇보다 단어의 뜻이나 쓰임을 실제적으로 파악할 수 있는 장점도 있습니다. 다의어나 동음어의 의미를 파악하는 데에도 문맥에서의 의미 추론이 필요하지요. 또한 단어의 의미를 추론하기 위해 추론에 도움이 되는 단서를 찾고, 그것을 바탕으로 의미를 짐작하는 과정에서 글을 더 꼼꼼히, 적극적으로 읽는 효과도 거둘 수 있습니다.

문맥에서 어려운 단어의 의미를 추론하는 예를 살펴보겠습니다. 다음 글에서 어떤 단어가 이해하기 어려운가요? 만약 '형상화'라는 단어를 모른다면 주어진 글 속의 어떤 정보를, 어떻게 활용하여 그 의미를 짐작할 수 있을까요?

> 우리 조상들은 호랑이를 다양한 모습으로 형상화하였다. 사납고 무서운 호랑이로 표현하여 악을 물리치고 선이 이기기를 바라기도 하였으며, 호랑이를 어리석은 존재로 나타내어 삶의 지혜를 소망하기도 하였다. 때로는 호랑이를 신성한 존재로 여겨 신격화하기도 하였고, 정과 의리와 인간의 효성에 감동하는 인간적인 모습으로 그리기도 하였다.

이 글은 '우리 조상들은 호랑이를 다양한 모습으로 형상화하였다.'라는 중심 문장과 이를 뒷받침하는 문장으로 짜여 있습니다. 이런 글 구조를 단서로 삼으면 두 번째, 세 번째 문장에서 '호랑이의 다양한 모습'으로 '사납고 무서운 호랑이', '어리석은 존재', '신성한 존재', '인간적인 모습'을 파악할 수 있습니다. 또 '형상화'는 호랑이를 이런 모습들로 '표현하여', '나타내어', '그리기도' 하는 행위임을 파악해 낼 수 있습니다. 즉, 글 구조를 활용하면 '형상화'가 '어떤 대상을 창조적으로 표현해 내는 행위'이며, 이 글에서는 '표현하여', '나타내어', '그리기도'와 비슷한 의미로 사용된 단어임을 추론할 수 있지요.

다음 신문 기사에서 '베이비 스텝'과 '빅 스텝'의 의미도 추론해 볼까요?

> 미국의 고용과 물가 지표가 고공행진을 거듭하면서 연방준비제도(Fed · 연준)가 오는 3월 '베이비 스텝(Baby Step)'이 아닌 '빅 스텝(Big Step)'으로 긴축에 나설 것이라는 전망이 급격히 세를 얻고 있다. 이들 용어는 연준을 포함한 주요국 중앙은행의 금리 인상이나 인하 속도를 논할 때 사용하는데, 연준이 이번에 0.25% 정도의 아기 걸음마식 긴축이 아닌 0.5% 수준의 통 큰 행보를 보일 것이라는 게 핵심이다.

이한용, 「연준의 '베이비 스텝'과 '빅 스텝'」 (2022, 연합인포맥스)

이 글은 2022년 작성된 경제 관련 인터넷 기사입니다. 경제 기사는 전문 용어가 많이 쓰여 쉽게 읽히지 않습니다. 이 글도 마찬가지인데,

특히 '베이비 스텝'과 '빅 스텝'은 꽤나 낯설게 느껴집니다. 영어 단어라서 어려움이 더 커지지요. 그러나 글을 꼼꼼히 읽어 보면 생각보다 쉽게 이 단어들의 의미를 짐작할 수 있습니다.

'이들 용어'라는 표현을 통해서 두 번째 문장이 '베이비 스텝'과 '빅 스텝'을 설명하고 있다는 단서를 얻을 수 있고, '아기 걸음마'와 '통 큰 행보'라는 표현을 통해서 '베이비 스텝'은 0.25퍼센트, '빅 스텝'은 0.5퍼센트의 금리 조정을 의미한다는 것을 추론할 수 있습니다. 물론 이런 추론은 여러분이 '베이비' '스텝' '빅'이라는 영어 단어의 의미와, '베이비 스텝'이 아기 걸음처럼 좁은 보폭을 뜻하는 비유적 표현이라는 점을 어느 정도 알고 있고, 이를 정확한 의미를 파악하는 데 활용하였기 때문에 가능한 것이지요.

문맥을 활용하여 단어의 의미를 추론하려면 글을 꼼꼼하게 읽어야 합니다. 모르는 단어가 글에서 중요하지 않거나 글 이해에 큰 영향을 미치지 않는 경우에는 그냥 넘어갈 수도 있지만, 글의 핵심 내용이나 중요한 개념을 담은 단어인 경우에는 문맥을 살펴서 그 의미를 이해해야 합니다. 그러려면 인내심을 가지고 그 단어가 사용된 앞뒤 문장의 의미나 표현, 글 전체의 구조 등을 꼼꼼히 파악하면서 의미를 추론해야겠지요. 이해가 어려운 단어의 의미를 추론하며 다음 글을 읽어 볼까요?

견과류와 같이 지방질을 다량 함유하고 있는 식품을 장기간 저장하다 보면 불쾌한 냄새가 나기도 한다. 이는 대개 산패로 인해 발생한다. 산패는 비정상적인 맛과 냄새가 나는 현상이다. 지방질이 공기에 장기간 노출되어 열, 빛 등의 영향을 받으면 산화 작용이 일어나 산패가 작용한다. 식품의 산패는 지방질을 구성하는 성분들과 유관하다.

이 글은 비교적 어려운 단어가 많이 사용되어 읽기가 쉽지 않지만, 특히 핵심어인 산패의 뜻을 모르면 글을 이해했다고 말할 수 없습니다. 만약 여러분이 산패의 뜻을 정확하게 이해하며 이 글을 읽는다면 시간이 얼마나 걸릴까요?

2021년 신명선 등의 연구자가 중학교 3학년 학생 9명을 대상으로 한 연구에 따르면, 위의 글을 읽는 데 읽기 능력이 우수한 학생 5명은 평균 약 28.6초, 그렇지 않은 학생 4명은 평균 약 23.5초가 걸렸습니다.[11] 9명 전체 평균은 약 26초이고요. 일반적으로 읽기 능력이 우수한 학생이 그렇지 않은 학생보다 글을 읽는 속도가 빠를 거라고 생각하는데, 이 연구 결과는 반대로 나왔지요. 왜일까요? 아래 그림은 이러

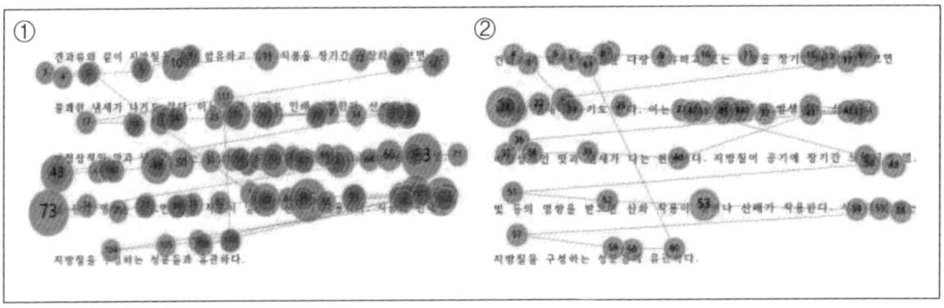

눈동자의 움직임 ①과 ②

한 결과가 나온 이유를 짐작하게 하는 근거입니다.

이 그림은 연구에 참여한 학생들이 글을 읽을 때 눈동자의 움직임을 나타냅니다. 동그라미는 학생들이 글을 읽을 때 그 부분에서 시선이 멈추었다는 것을 나타내는데, 색이 진할수록 시선이 멈추는 시간이 긴 것입니다. 시선이 멈추었다는 것은 대체로 그 부분을 읽고 의미를 처리했다는 것이니, 시선이 고정된 시간은 길다는 것은 그만큼 그 부분의 의미를 이해하려고 시도했음을 뜻한다고 볼 수 있습니다. 이런 점에서 ①과 ②를 비교해 보면 ①이 글을 더 꼼꼼히 읽고 이해하려고 노력한 모습을 보여 줍니다. 글 전체에 고루 시선을 고정했을 뿐만 아니라 '산패'라는 핵심어의 의미를 파악하기 위해 세 번째 줄부터는 시선을 더 길게 고정했거든요. 이에 비해 ②는 '산패'가 처음 등장하는 부분에 시선을 고정한 이후에는 전체적으로 시선이 고정되지 않습니다. 세 번째 줄 다음부터는 글을 거의 읽지 않았다고 보아도 무방하지요.

그렇다면 산패의 뜻을 파악하고 글의 내용을 이해한 학생의 시선을 보여 주는 이미지는 ①일까요, ②일까요? 짐작하듯 ①입니다. ①이 읽기 능력이 우수한 학생의 눈동자 움직임을 보여 주는 이미지입니다. 어려운 단어의 의미를 파악하기 위해 중간에 포기하지 않고 글을 꼼꼼히 읽는 모습이지요. 의미를 파악하기 위해 글을 꼼꼼히 읽기 때문에 읽기 시간이 더 오래 걸리는 결과가 나온 것입니다.

이처럼 문맥에서 단어의 의미를 추론할 때에는 자신이 알고 있는

단어나 배경지식을 동원하고 글 속에 제시된 단서를 찾아 활용함으로써 의미를 적극적으로 해석해 내려는 '노력'이 필요합니다. 글 속에는 생각보다 많은 단서가 직간접적으로 제시되어 있습니다. 글의 종류나 필자에 따라 차이가 있지만 대다수 글에서 필자는 독자가 자기 글을 보다 쉽게 이해하도록 돕는 구조나 표현을 사용합니다. 이들을 단서 삼아 추론하면 모르는 단어의 의미를 이해할 수 있습니다. '꼼꼼히' 읽어서 의미를 추론한 다음에는 그 추론해 낸 의미로 단어를 이해했을 때 문장이나 글이 자연스럽게 이어지는지 점검하고, 또한 추론한 단어의 의미가 정확하지 않을 수 있으므로 국어사전을 찾아 뜻을 확인하는 활동을 하면 어휘력을 기르는 데 큰 도움이 될 것입니다.

단어 유형을 고려해 학습하기

어휘력을 기르는 세 번째 방법은 단어 유형을 고려하여 어휘를 학습하는 것입니다. 단어는 다양하게 분류할 수 있지만, 이 글에서는 크게 두 가지 기준으로 어휘를 나누어 어휘 학습 방법을 설명하고자 합니다.

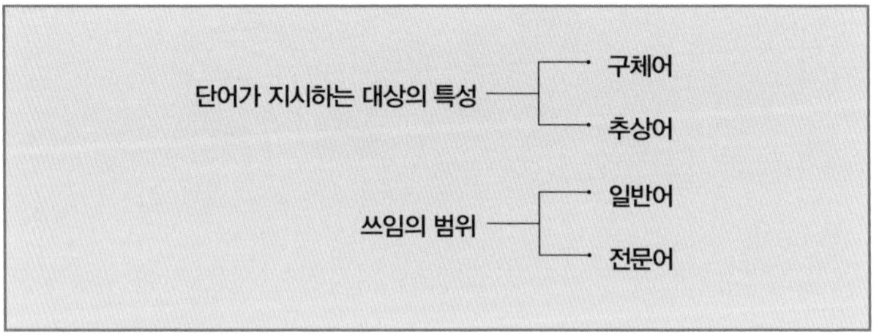

• 구체어와 추상어

먼저 어휘는 단어가 지시하는 대상을 감각적으로 지각할 수 있는지 여부에 따라 구체어와 추상어로 나뉩니다. 구체어는 '산, 강아지, 시끄럽다, 뜨겁다'와 같이 보거나 듣거나 만질 수 있는 등 인간이 감각적으로 지각할 수 있는 대상을 지시하는 단어입니다. 이와 달리 추상어는 '우정, 기쁨, 생각하다, 평화롭다'와 같이 인간이 감각으로 지각할 수 없는 대상을 가리키는 단어입니다.

추상어를 학습하는 좋은 방법은 앞서 설명한 것과 같이 문맥 속에서 그 의미를 짐작해 내는 것입니다. 매우 추상적인 단어인 '형상화'의 의미를 문맥에서 추론한 것처럼요. 구체어는 감각적으로 지각할 수 있기 때문에 학습이 비교적 쉽습니다. 다음 예를 볼까요?

> 농악대는 악기를 연주하는 사람, 마을의 상징인 농기 그리고 영기 한 쌍으로 이루어진다.

위 문장에서 여러분이 잘 알지 못하는 단어는 무엇인가요? 만약 '농기'와 '영기'를 모른다면 어떻게 할까요? '마을의 상징'이라는 글 속 단서를 통해 의미를 짐작할 수 있지만, 구체적으로 그 단어들이 의미하는 바가 쉽게 이해되지 않습니다. 표준국어대사전을 찾으면 '농기'는 "농촌에서 한 마을을 대표하고 상징하는 기"로, 영기는 "줄다리기 따위에서 지휘 신호를 하거나, 풍물놀이에 앞장을 서는 사람이 드는 기"로 풀이되어 있습니다. 이 풀이들을 보아도 '농기'와 '영기'가 무엇인지 가늠하기 쉽지 않고, 국어사전의 풀이를 이해하는 것도 어렵습니다.

이러한 경우에는 인터넷에서 이미지를 검색하는 것이 효과적입니다. '농기'와 '영기'를 검색어로 검색하면 여러 유형의 정보가 제시될 것입니다. 그중 이미지 자료를 선택하여 검색하면 다양한 '농기'와 '영기' 사진을 볼 수 있습니다. 이들은 시각으로 확인이 가능한 구체어이기 때문에 이미지 자료를 참고하는 것이 뜻을 이해하는 데에 효과적

농기(좌)와 영기(우)

이지요. 물론 눈으로 확인한 내용과 사전(백과사전도 좋습니다.)에서 찾은 풀이를 비교하여 의미를 충분히 파악한 다음, 글 내용과 연결 지어 이해하는 활동을 해야 그 단어들을 온전히 내 것으로 만들 수 있습니다.

• 일반어와 전문어

어휘는 단어가 쓰이는 범위에 따라 일반어와 전문어로 나눌 수 있습니다. 일반어는 '일반 사람들이 일상생활에서 널리 쓰는 말'이고, 전문어는 '특정한 분야에서 주로 사용하는 용어'입니다. 전문어는 주로 학교에서 교과를 공부하거나 특정 분야의 자료를 읽을 때 접하게 되는 단어로, '삼권 분립'이나 '광합성' 등을 예로 들 수 있습니다. 우리가 무언가를 학습하거나 특정한 분야에서 소통하는 능력이 있다는 것은 그 분야에서 특수하게 사용되는 어휘인 전문어를 안다는 것을 의미합니다.

일반어는 일상생활에서 널리 쓰이기 때문에 배우기가 어렵지 않고, 많은 경우 문맥 속에서 쉽게 이해할 수 있습니다. 그러나 전문어는 일상에서 쓰이는 빈도가 낮기 때문에 의도적인 학습이 더 많이 필요합니다. '소금'과 '염화 나트륨'을 예를 들어 볼까요? 둘 다 짠맛이 나는 물질을 뜻하지만, '소금'은 일상어이고 '염화 나트륨'은 전문어입니다. 소금이라는 단어는 흔히 쓰여 그 의미를 이해하는 데 어려움이 없지만, 염화 나트륨은 화학 분야에서 주로 사용되는 용어로 꽤나 낯설게 느껴집니다. 두 단어가 지시하는 대상은 '짠맛이 나는 물질'로 다르지 않지만, 염화 나트륨은 NaCl이라는 화학식으로 표시되는 특성을 가진 물질로, 화학을 전문적으로 사용하고 연구하는 분야에서 사용되는 용어라는 점에서 차이가 있습니다.

같은 단어가 일상어로 쓰일 때와 전문어로 쓰일 때가 적지 않으니 그 의미를 명확하게 구분하여 이해하는 것도 필요합니다.

① ㉠ 오늘 시장에서 먹을거리를 샀다.

㉡ 소비 심리가 살아나면서 시장 상황이 좋아졌다.

② ㉠ 제 일에 간섭하지 마세요.

㉡ 똑같은 진동수의 음을 내는 스테레오를 들을 때 양쪽 스피커에서 음파의 간섭을 확인할 수 있다.

①, ②의 ㉠은 일상어, ㉡은 전문어의 예입니다. '시장'과 '간섭'이 ㉠에서는 일상어로 ㉡에서는 전문어로 사용된 것이지요. '시장'은 ㉠에서와 같이 '물건을 사고파는 특정한 장소'라는 일상적 의미로도 사용되지만, ㉡에서처럼 '상품으로서 재화와 서비스의 거래가 이루어지는 추상적인 영역'이라는 경제 분야 전문어로도 사용됩니다. '간섭'도 비슷합니다. ㉠처럼 '직접적인 관계가 없는 남의 일에 참견함'이라는 일상어로도, ㉡과 같이 '물리적으로 두 가지 이상의 파장이 첨가되어, 새로운 파장의 형태를 나타내는 것'을 의미하는 물리학 전문 용어로도 사용됩니다.

이처럼 같은 단어가 일상어와 전문어로 사용될 때 각각의 의미와 그 쓰임새를 구분하여 전문어의 경우 정확한 의미와 그 단어가 포함하는 지식을 명확하게 이해하는 것이 필요합니다. 이는 어휘력을 늘리는 측면에서만이 아니라 교과 학습이나 특정한 분야의 지식을 계발하는 데에도 중요한 부분입니다.

>> **핵심 정리** <<

- 어휘력은 다른 언어 능력과 다르게 평생에 걸쳐 발달된다.
- 어휘력을 기르는 방법으로는 사전 찾기의 생활화, 문맥에서 단어의 의미를 추론하기, 단어 유형을 고려하여 어휘 학습하기 등의 방법이 있다.

징검다리

수능의 어휘, 얼마나 알고 있나요?

수능 국어 영역에는 어려운 어휘가 적지 않게 사용된 지문을 읽고 푸는 문항이 많습니다. 또한 어휘력을 직접 평가하는 문항도 있지요. 특히 최근에는 지문을 제시하고 "~와 문맥상 의미가 가장 가까운 것은?"과 같이 맥락에 따라 특정 어휘의 의미를 추론할 수 있는지를 평가하는 문항이 자주 출제되고 있습니다.

다음 페이지에 등장하는 두 개의 십자말풀이는 최근 몇 년간 수능 국어 영역 어휘 문항에 제시된 어휘로 만들어졌습니다. 여러분의 어휘 수준은 어느 정도인지 한번 풀어 보세요.

십자말풀이 ❶

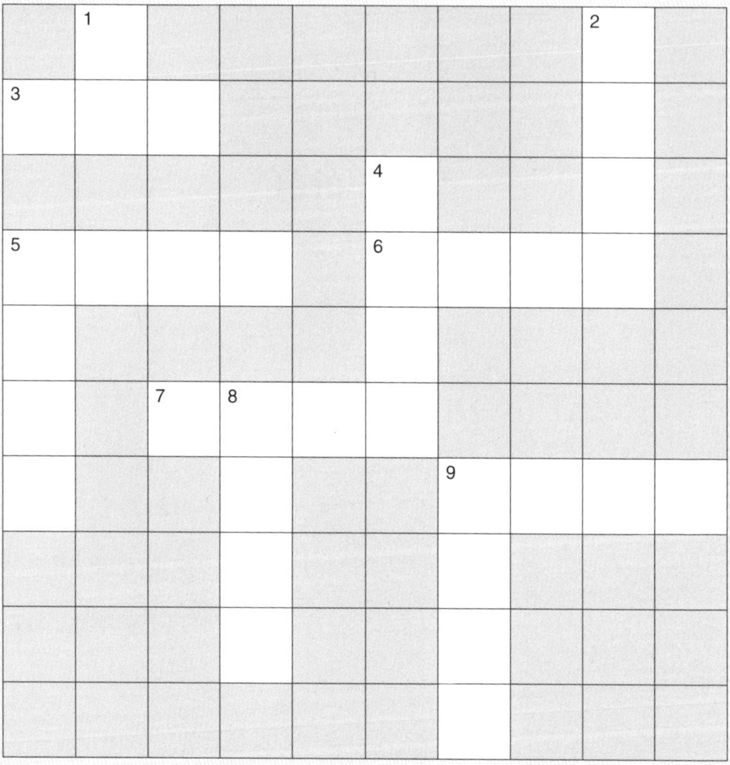

가로

3. 일반적으로 평균치를 낼 때 개별치에 부여되는 중요도.
5. 물건 따위를 사들이다.
6. 조직이나 단체 따위가 짜여 만들어지다.
7. 둘 이상의 사람이 서로 협력하여 의논하다.
9. 글이나 책 따위를 쓰다.

세로

1. 같은 언어를 사용하면서 공동생활을 하는 언어 사회 안의 대중.
2. 지식 수준이 낮거나 인습에 젖은 사람을 가르쳐서 깨우치다.
4. 어떤 결말이나 결과에 이르게 되다.
5. 둘 사이에서 양편의 관계를 맺어 주다.
8. 어떤 사실이나 원리 따위에 근거하다.
9. 막아서 못 하도록 해치다.

십자말풀이 ❷

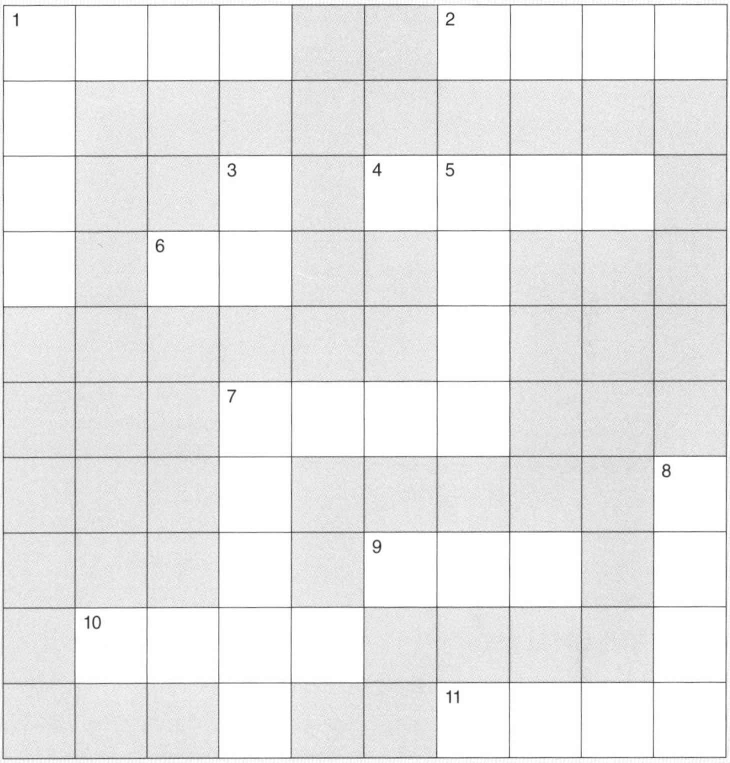

가로

1. 서로 맞대어 붙이다.
2. 상태, 모양, 성질 따위가 그와 같다고 보거나 그렇다고 여기다.
4. 어떤 형상을 이루다.
6. 전에 없던 것을 처음으로 생각하여 지어내거나 만들어 냄.
7. 어떤 시기나 기회가 닥쳐오다.
9. 특히 중점을 두어 살피는 점.
10. 꼭 붙잡다. 요점이나 요령을 얻다.
11. 여러 가지를 모아서 체계 있는 하나를 이루다.

세로

1. 어떤 요구나 기대 따위에 좇아서 응하다.
3. 계산하여 냄.
5. 매우 성하게 유행하다.
7. 상관하지 아니하거나 무시하다.
8. 널리 받아들여 모두 포함하다. 물고기나 새를 잡는 그물이라는 뜻에서 나온 말이다.

십자말풀이 ❶ 정답

	1 언							2 계	
3 가	중	치						몽	
					4 귀			하	
5 매	입	하	다		6 결	성	되	다	
개					되				
하		7 협	8 의	하	다				
다			거			9 저	술	하	다
			하			해			
			다			하			
						다			

십자말풀이 ❷ 정답

1 부	합	하	다			2 간	주	하	다
응									
하			3 산		4 형	5 성	하	다	
다		6 창	출			행			
						하			
			7 도	래	하	다			
			외						8 망
			시		9 주	안	점		라
	10 포	착	하	다					하
			다			11 집	성	하	다

6강

디지털 미디어 문해력은 어떻게 기를 수 있을까?

1

디지털 미디어의 두 얼굴

미디어란 사람들의 소통을 매개하는 도구, 기술, 환경을 뜻합니다. 책, 티브이, 스마트폰, 컴퓨터, 인터넷 등이 모두 미디어에 해당하지요. 미디어는 시대와 과학 기술의 발전에 따라 다양한 형태로 변화해 왔습니다. 예전에는 인쇄 매체, 방송 매체 등이 중요한 미디어였지만, 지금은 그 못지않게 인터넷, 스마트폰 등 디지털 미디어가 활발하게 사용되고 있지요. 다음 페이지의 그림은 사람들이 서로 정보를 전달하고 교류하는 방식이 어떻게 달라졌는지 한눈에 보여 줍니다.

구어 의사소통이 기원전 10만 년부터 이루어진 데에 비해, 문자가 발명된 것은 기원전 3000년경입니다. 오늘날 사용하는 인쇄 매체가 대중화되기 시작한 것은 18세기경이며, 인터넷이 보급되기 시작한 것은 1990년대입니다. 구어 의사소통과 문자 의사소통이 매우 오랜 역사를 자랑하는 데에 비해, 디지털 미디어는 비교적 최근에 빠르게

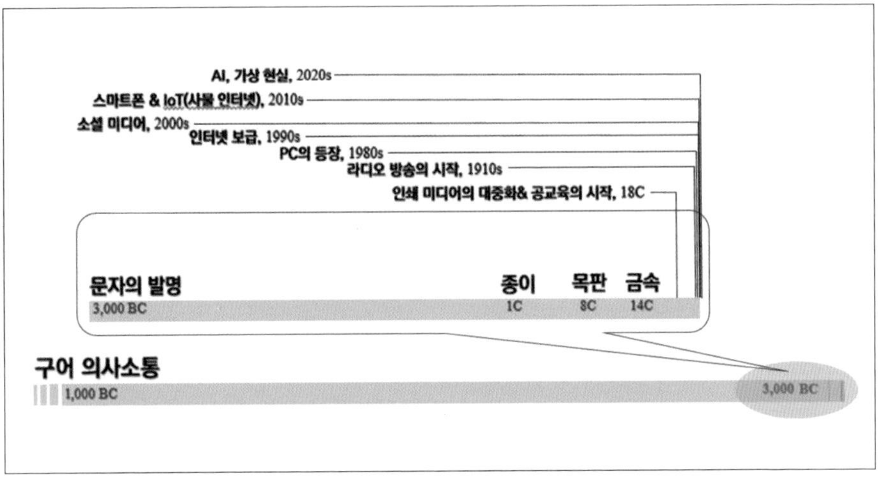

의사소통 방식과 미디어의 변화

발전해 왔지요. 이렇게 변화하는 미디어는 문해력의 개념에도 변화를 가져왔습니다.

앞서 살펴보았듯, 문해력의 개념은 '문자로 이루어진 글을 읽고 쓰는 능력'에서, '문자를 포함하여 도표, 그림, 소리, 동영상 등 다양한 형식의 기호들로 이루어진 글을 읽고 쓰는 능력'으로 변화해 왔습니다. 과거에는 글을 읽고 쓰는 것이 문해력의 중요한 부분이었지만, 지금은 글을 비롯해 다양한 기호로 이루어진 정보를 이해하고 해석하며, 정보가 진짜인지 아닌지 판단하고, 이러한 판단을 토대로 다른 사람들과 의사소통하는 능력까지 문해력의 중요한 부분이 되었습니다. 특히 디지털 미디어의 발달로 광활한 디지털 공간에서 소통하는 능력이 필요해졌지요. 지금은 그 어느 때보다 정보가 넘쳐 나는 세상이니까요. 이렇게 새로운 의사소통 환경 속에서 살아가기 위해 필요한 문해력을 '디지털 미디어 문해력'이라고 부릅니다.

그런데 디지털 미디어 문해력은 우리가 기존에 공부해 온 문해력과는 조금 성격이 다릅니다. "책을 너무 많이 읽어서 걱정이니, 내일부터는 책을 그만 읽으렴."이라는 부모님의 말씀은 거의 들어 보지 못했을 거예요. 그러나 "휴대폰 좀 그만하고 공부해야지."라는 걱정 섞인 말씀은 들어 본 적이 있을 것입니다. 부모님께서 그렇게 말씀하시는 것은 디지털 미디어가 긍정적인 측면과 부정적인 측면을 모두 지니고 있기 때문이지요.

먼저 디지털 미디어의 긍정적인 측면에는 무엇이 있는지 살펴볼까요? 첫째, 디지털 미디어는 다양한 정보에 손쉽게 접근할 수 있는 기회를 제공합니다. 인쇄 매체나 방송 매체와 같은 미디어를 통해서만 정보를 얻을 수 있었던 과거와 달리 지금은 인터넷이나 스마트폰 등 디지털 미디어를 통해 다양한 정보에 빠르게 접근할 수 있습니다. 이 과정에서 우리는 몰랐던 지식을 알게 될 수도 있고, 평소에는 관심을 두지 못했던 다른 사람들의 목소리에도 귀를 기울일 수 있게 됩니다.

둘째, 디지털 미디어는 자신이 알고 있거나 알게 된 정보를 새로운 시각으로 다시 만들어 낼 수 있는 기회, 그리고 이를 다른 사람들과 소통할 수 있는 기회를 제공합니다. 예를 들어 볼까요? 여러분은 자신의 경험이나 생각을 다른 사람에게 알려 주는 유튜브나 블로그를 본 적이 있을 거예요. 자신이 알게 된 것을 영상이나 자료로 새롭게 만들어 다른 사람과 나누는 것이지요. 그리고 댓글로 자신의 생각을 발전시키는 모습도 보았을 거예요. 이는 디지털 미디어를 활용하여 사람들이 창의적으로 무언가를 만들어 내고 그것을 다른 사람들과 스스럼없이 소통하며 사회적 관계를 맺을 수 있음을 보여 줍니다.

그럼 디지털 미디어의 부정적 측면은 무엇이 있을까요? 첫째, 디지털 미디어에서 쏟아지는 정보는 옳고 그름 및 수준을 분별하기 매우 어렵습니다. 인터넷과 같은 디지털 미디어는 수많은 정보를 손쉽고 빠르게 제공합니다. 그러나 그 정보가 필요한 것인지, 믿을 만한 것인지 판단하는 것은 사람의 몫입니다. 인터넷에는 우리가 생각하는 것보다 훨씬 더 많은 허위 조작 정보, 나와 '다른' 의견을 '나쁜' 의견으로 몰아가는 편파적인 의견이 넘쳐 납니다. 질이 좋지 않은 정보, 다 읽을 수 없을 만큼 쏟아지는 정보 속에서 내가 올바르게 판단하지 못한다면, 그야말로 정보의 바다에 빠져 허우적거리게 되고 말지요. 이러한 현상이 지속된다면 제대로 판단하지 못한 상태에서 나와 생각이 다른 상대를 비난만 하게 될 수도 있습니다.

둘째, 디지털 미디어에 지나치게 의존하면 자칫 디지털 중독에 빠질 수 있습니다. 디지털 중독은 디지털 기기나 콘텐츠에 지나치게 의존하거나 몰두함으로써 심리적 · 신체적 · 사회적 문제를 불러일으키는 현상입니다. 디지털 중독은 한 개인이 건강한 삶을 살아가는 데에 방해가 됩니다. 사회적으로도 사람들이 건강한 인간관계를 맺는 것을 해치기도 합니다.

이렇듯 디지털 미디어는 두 얼굴을 갖고 있습니다. 그래서 청소년

들이 디지털 미디어를 슬기롭게 사용하려면 디지털 미디어 문해력을 기르는 것이 필요합니다. 디지털 미디어의 메시지를 분석하고, 옳고 그름을 판단하고, 자신의 의견을 창의적으로 표현하며 다른 사람과 소통하고, 자신의 말과 글에 책임을 질 수 있는 사람으로 성장해야 합니다.

디지털 미디어 문해력은 세계 시민으로 살아가기 위해서도 필요합니다. 이 때문에 세계 여러 나라에서는 체계적인 디지털 미디어 문해력 교육을 계발하고 운영하고 있습니다. 그러면 어떻게 디지털 미디어 문해력을 체계적으로 기를 수 있을지 알아볼까요?

>> 핵심 정리 <<

- 새로운 의사소통 환경 속에서 살아가기 위해 필요한 문해력을 '디지털 미디어 문해력'이라고 부른다.
- 디지털 미디어에는 긍정적인 측면과 부정적인 측면이 모두 있다. 긍정적인 측면은 다양한 정보에 손쉽게 접근할 수 있는 기회, 자신이 알고 있거나 알게 된 정보를 새로운 시각으로 다시 만들어 낼 수 있는 기회, 그리고 이를 다른 사람들과 소통할 수 있는 기회를 제공하는 것이다. 옳고 그름과 수준을 분별하기 어렵고, 디지털 중독에 빠질 수 있는 것은 부정적인 측면이다.

2

디지털 미디어, 잘 다루는 방법

여러분은 스마트폰 없이 며칠을 보낼 수 있나요? 이런 질문을 대학생들에게 했더니 "며칠이요? 몇 시간도 힘들 거 같은데요."라는 답이 돌아왔습니다. 우리나라 청소년들은 하루에 얼마나 인터넷을 이용하고 있는지 살펴볼까요?

다음의 표는 한국언론진흥재단에서 시행한 「2022년 10대 청소년 미디어 이용 조사」 결과입니다. 막대 그래프 안에 있는 숫자는 하루에 해당 매체를 몇 분이나 사용했는지를 나타냅니다. 2019년에 우리나라 청소년의 하루 인터넷 이용 시간은 4시간 30분 정도였습니다. 그런데 2022년에는 479.6분 즉, 약 8시간으로 늘었습니다. 우리나라 청소년의 평일 평균 수면 시간이 7.2시간이라는 통계와 견주어 보면, 우리나라 청소년들은 잠자는 시간보다 더 많은 시간을 인터넷을 이용하면서 보내고 있는 것이지요. 디지털 미디어가 이미 여러분의 삶

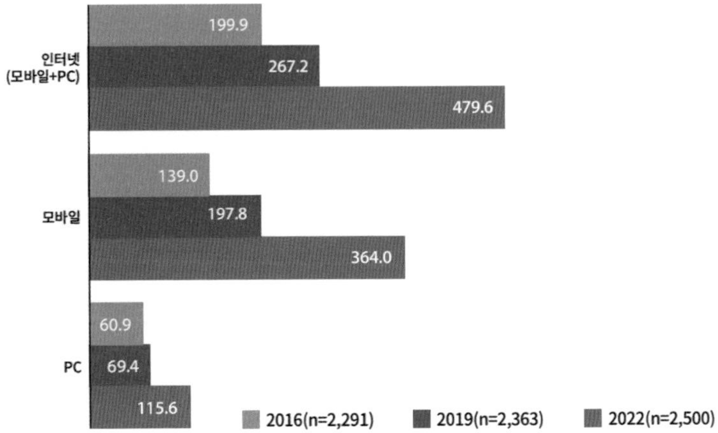

한국언론진흥재단에서 시행한 「2022년 10대 청소년 미디어 이용 조사」

에 깊숙이 들어와 있음을 보여 줍니다.

여러분의 일상생활에서 온라인과 오프라인을 구분하는 것은 의미가 없습니다. 매일 유튜브나 인스타그램을 보며 시간을 보내고, 메신저를 수시로 이용하여 친구들과 이야기를 나누지요. 교과서나 참고서를 보기도 하지만 인터넷 강의를 들으면서 공부를 하는 것도 자연스럽습니다. '혼밥'을 해도 스마트폰이 있으니 심심하지 않습니다. '이제 인터넷을 해야지.'라고 결심하고 따로 시간을 내어 인터넷에 접속하여 이용하는 것이 아니죠. 학교를 오가면서, 잠시 친구를 기다리는 중에도 언제든 온라인에 쉽게 연결할 수 있습니다.

디지털 미디어 속에는 수많은 정보가 있습니다. '무한하다'라고 말할 수 있을 만큼 지식이 넘쳐 납니다. 그렇기 때문에 정보의 옳고 그름을 판단하는 능력이 더 많이 필요해졌습니다. '무한한 정보의 바다'

는 우리에게 지식을 확장할 새로운 기회를 줍니다. 잘 선별하면 큰 도움을 얻을 수 있어요.

접근을 잘하려면

정보의 바다를 건너가는 방법으로 가장 먼저 생각할 수 있는 것은 '접근'입니다. 정보의 바다 앞에 서 있기만 해서는 바다를 건널 수는 없죠. 어떤 목적으로 무엇을 검색하느냐, 얼마나 빠르고 쉽게 원하는 정보에 도달하느냐에 따라 지식을 확장시킬 수 있는 가능성은 달라집니다. 자신이 원하는 정보에 접근할 수 있다는 것은 어떤 의미일까요? 미디어를 활용하여 정보를 능숙하게 찾고 사용하는 방법을 아는 것 그리고 그러한 방법을 사용하여 정보를 효율적이고 검색하여 올바르게 선별하는 능력을 갖추었음을 뜻합니다. 그렇다면 원하는 정보에 접근하기 위해서는 어떻게 해야 할까요?

첫째, 공신력 있고 믿을 만한 장소를 찾아야 합니다. 무작정 포털 사이트에서 정보를 검색하기보다는 내가 원하는 정보의 속성이 무엇인지 파악하고 그러한 정보를 찾을 수 있는 웹사이트를 찾습니다. 블로그나 유튜브같이 개인이 정보를 올리는 곳보다는 공공기관이 운영하는 웹사이트에 올라온 정보가 더 믿을 만하겠죠. 예를 들어 조선 시대 사람들이 어떤 음식을 먹었는지 궁금하여 이에 대한 정보를 얻고 싶다면, 개인 블로그보다는 국립민속박물관이나 문화재청의 웹사이트에 탑재된 정보를 찾는 것이 더 적절합니다.

둘째, 내가 찾은 웹사이트에 들어가서 원하는 정보를 정확한 검색어로 만들어서 검색을 시작해 봅니다. 내가 찾고자 하는 정보가 어떤 주제인지, 어떤 유형의 정보인지를 한정한다면 더 쉽게 정보를 찾을 수 있겠지요. 원하는 정보가 나오지 않는다면 맨 처음 사용했던 검색어만 고집하지 말고 다른 검색어를 만들어 넣어 보거나, 비슷한 뜻의 다른 단어를 사용해 보는 것도 좋습니다.

셋째, 자신이 원하는 정보를 찾았다 해서 그것을 그대로 받아들이기보다는 한 번 더 확인해 보는 자세도 필요합니다. 디지털 미디어 세상은 자신이 누구인지 어떠한 입장인지 등을 드러내지 않고 정보를 생산하고 유통할 수 있기 때문에, 전문성을 갖춘 사람이 생산한 정보인지 아닌지를 구분할 수 없는 경우가 대부분입니다. 그래서 자신이 찾은 정보를 아무런 고민 없이 받아들이기보다는 여러 차례 다른 자료와 견주어 봄으로써 정보의 정확성을 확인해 볼 필요가 있지요.

상호 텍스트적 읽기

정보의 바다를 좀 더 슬기롭게 헤쳐 가는 방법을 하나 더 알아볼까요? 바로 '상호 텍스트적 읽기'의 방법입니다. 여기서 텍스트는 특정한 의사소통 목적을 달성하기 위해 생산한 기호의 복합체를 아우르는 용어입니다. 이때 기호는 음성 언어나 문자 언어가 될 수도 있고,

사진이나 그림과 같은 이미지 등을 포함하기도 합니다. 글은 텍스트의 대표적인 예라고 할 수 있지요. 상호 텍스트적 읽기란 하나의 글이 다른 글과 어떠한 관계가 있는지를 생각하면서 글을 읽는 것을 의미합니다. 어떤 글에서 다른 글의 내용을 언급하고 있거나 두 편의 글의 주제나 화제가 닮아 있다면 그 둘 사이에 어떠한 관련성이 있는지 파악하는 것이지요. 상호 텍스트적 읽기를 할 때에는 한 편의 글은 다른 글과 서로 영향을 주고받는다고 생각하고 여러 글들을 서로 관련지어 읽으며 글을 더 깊이 그리고 더 넓게 읽는 것이 필요합니다. 글이 서로 연결되어 있음을 잘 보여 주는 사례로 김춘수 시인의 「꽃」이라는 작품과 오규원 시인의 「'꽃'의 패러디」라는 작품이 있습니다. 다음에 제시하는 두 편의 시를 한번 살펴봅시다.

꽃

김춘수

내가 그의 이름을 불러주기 전에는
그는 다만
하나의 몸짓에 지나지 않았다.

내가 그의 이름을 불러주었을 때
그는 나에게로 와서
꽃이 되었다.

'꽃'의 패러디

오규원

내가 그의 이름을 불러주기 전에는
그는 다만
왜곡될 순간을 기다리는 기다림
그것에 지나지 않았다.

내가 그의 이름을 불렀을 때
그는 곧 나에게로 와서
내가 부른 이름대로 모습을 바꾸었다.

내가 그의 이름을 불러준 것처럼
나의 이 빛깔과 향기(香氣)에 알맞은
누가 나의 이름을 불러다오.
그에게로 가서 나도
그의 꽃이 되고 싶다.

우리들은 모두
무엇이 되고 싶다.
너는 나에게 나는 너에게
잊혀지지 않는 하나의 눈짓이 되고 싶다.

『김춘수 시전집』(현대문학, 2004)

내가 그의 이름을 불렀을 때
그는 곧 나에게로 와서
풀, 꽃, 시멘트, 길, 담배꽁초, 아스피린, 아달린이 아닌
금잔화, 작약, 포인트세티아, 개밥풀, 인동, 황국 등등의
보통명사나 수명사가 아닌
의미의 틀을 만들었다.

우리들은 모두
명명하고 싶어 했다.
너는 나에게 나는 너에게
그리고 그는
그대로 의미의 틀이 완성되면
다시 다른 모습이 될 그 순간
그리고 기다림 그것이 되었다.

『이 땅에 씌어지는 서정시』(문학과지성사, 1981)

두 시가 닮아 있는 것이 보이나요? 상호 텍스트적 읽기는 이렇게 작가가 의도하여 나타나기도 하지만, 글을 읽는 독자가 만들어 내면서 경험할 수도 있습니다. 어떤 책을 읽고 나서 비슷한 주제의 책을 더 찾아 읽어 본 적이 있다면, 책의 분위기에 꼭 맞는 음악을 들으며 책을 더 깊게 읽어 본 적이 있다면, 상호 텍스트적 읽기를 경험해 보았다고 할 수 있습니다. 우리는 글 한 편을 꼼꼼히 읽기도 하지만, 좋아하는 작가의 작품을 서로 연결하여 읽기도 하고, 내가 좋아하는 시대를 살았던 사람들이 쓴 책을 두루 읽어 보기도 합니다.

그런데 왜 디지털 미디어 문해력을 기르기 위해서 상호 텍스트적 읽기가 필요한 것일까요? 디지털 환경에는 비슷한 주제를 다루더라도 다양한 내용과 형식으로 구성된 자료들이 넘쳐 납니다. 문자로 표현된 텍스트뿐만 아니라 소리, 영상, 이미지 등 다양한 시각 요소와 청각 요소가 결합하여 표현된 텍스트가 엄청나게 많지요. 그런데 같은 내용을 다루더라도 그 내용이 영상과 문자로 각각 표현될 때 사람들은 이 둘을 동일하게 받아들이지 않습니다. 표현 방식의 차이로 인해 다르게 이해하는 것이지요. 같은 내용을 다르게 표현하였기 때문에 이는 완전히 같다고도 또 완전히 다르다고도 말할 수 없습니다. 동일한 사건을 전달하더라도 소셜 미디어, 블로그, 온라인 기사 등 다양한 매체를 통해 다른 방식으로 전달되지요.

우리 동네의 안전을 지키기 위해 강아지 순찰대를 선발하여 운영하고 있다는 소식을 전달하는 경우를 가정해 봅시다. 이 소식은 소셜 미디어를 통해서 가장 빠르게 전달될 것입니다. '강아지 순찰대, 우리 동네는 귀염둥이들이 지킨다.'라는 문구와 강아지 순찰대의 모습을 담은 사진을 소셜 미디어에 연결된 사람들과 공유하는 방식이겠지요. 강아지 순찰대가 어떻게 활동하고 있는지 좀 더 상세한 내용을 전달하고자 한다면 블로그라는 매체를 활용할 수도 있습니다. 강아지 순찰대의 선발 방법, 활동 모습 등을 문자 언어로 상세하게 작성하고, 강아지 순찰대의 다양한 모습을 담은 사진이나 동영상을 덧붙일 수도 있습니다. 강아지 순찰대가 어떻게 도입된 제도인지, 현재 어떻게 운영되고 있는지, 이에 대한 주민들의 반응은 어떠한지를 입체적으로 취재하여 강아지 순찰대의 소식을 기사로 작성할 수도 있겠습니다.

디지털 미디어 문해력을 갖추었다는 것은 문자 언어로 전달되는 내용, 소리나 영상, 이미지로 전달되는 내용을 연결하여 텍스트를 이해할 수 있음을 의미합니다. 그리고 이렇게 서로 다른 방식으로 만들어진 여러 텍스트를 연결하면서 읽어낼 수 있어야 함을 의미하기도 합니다. 상호 텍스트적 읽기는 텍스트 간의 연결을 이해하고 활용하는 경험을 제공합니다. 그리고 이러한 경험은 디지털 환경에서 접하게 되는 정보가 어떻게 연결되어 있는지 판단을 하는 데에 도움을 줍니다. 연결되는 텍스트를 읽는 경험은 여기에서 더 나아가 다양한 텍스트를 비교하고 분석하게 하여 비판적 사고를 발전시키고 다양한 관점을 이해하는 데에도 도움이 됩니다.

디지털 미디어를 활용하면 바로 이러한 상호 텍스트적 읽기를 더 폭넓게 경험할 수 있습니다. 디지털 공간 속에서는 이런 상호 텍스트적 읽기를 쉽게 볼 수 있습니다. 대표적인 예가 바로 영화에 대한 감상평이지요. 영화 「우리들」에 대한 감상 평을 한번 살펴볼까요? 포털 사이트에 「우리들」에 대한 감상 평을 찾아보면 영화가 개봉한 직후부터 몇 년이 지난 뒤에까지 사람들의 감상이 차곡차곡 쌓여 있는 것을 볼 수 있습니다.

이렇게 짤막한 감상 평만 보아도 사람들이 작품에 대해 어떤 생각을 하는지를 알 수 있지요. 본격적으로 영화와 다른 사람들의 생각을

★★★★★ 10
관람객 봉숭아물이 손톱에서 다 빠지면 우리는 괜찮을 수 있을까.
swan**** 2020.08.05. 20:21 신고
46 2

★★★★★ 10
관람객 4학년의 주인공을 내내 따라가다보면, 31살의 내가 자꾸만 보여져, 모처럼 울컥하며 본 영화였어요!
skna**** 2020.07.22. 20:29 신고
68 2

★★★★★ 10
관람객 누구에게나 하나쯤 있겠지만 슬쩍 잊어버리고 살아가는 그런 기억.
ju98**** 2018.09.26. 12:03 신고
84 2

★★★★★ 10
관람객 보는 내내 예쁘고 마음이 아팠다 내가 정말 좋아하는 영화
bull**** 2017.07.11. 00:27 신고
34 2

★★★★★ 10
관람객 영화를 보는 내내 복잡미묘한 감정을 느끼고감탄 했습니다. 올해의 수작 인건 확실하네요!^^
redl**** 2017.07.09. 19:22 신고

영화 「우리들」에 대한 감상 평 예시

연결해 보고 싶다면, 좀 더 길게 쓴 감상 평을 찾아볼 수도 있습니다.

마음에 드는 글이나 자료를 본 뒤 계속 연결해서 읽어 보고 싶은 생각이 들었다면 상호 텍스트적 읽기를 할 수 있는 출발점에 서 있는 것입니다. 그러면 지금보다 조금 더 슬기롭게 상호 텍스트적 읽기를 하려면 어떻게 해야 할까요?

우선 읽고 있는 글이나 자료가 다른 글이나 자료와 어떤 관련성이 있는지 살펴봅니다. 서로 비슷하거나 다른 점을 살펴보는 것이지요. 제목이나 형식, 주제가 비슷한지, 앞서 살펴본 시처럼 인용이나 참조

가 된 부분이 있다면 어떤 부분인지 찾아보는 것입니다. 비슷한 부분을 읽어 냈다면 두 개의 글이나 자료가 어떻게 연결되어 있는지, 그러한 연결을 통해 어떠한 주제, 가치나 관점, 분위기를 나타내는지 생각해 봅니다. 같은 작가의 다른 글, 유사한 주제를 담고 있는 글 여러 편을 찾아 연결해 보는 것도 좋습니다.

꼭 글이 아니어도 상관없습니다. 글과 어울리는 음악을 찾았다면 어떠한 점에서 어울리는지, 분위기가 비슷한 그림과 음악을 찾았다면 어떤 점에서 비슷한지 등을 생각해 보세요. 상호 텍스트적 읽기를 할 수 있는 대상은 무척 많습니다. 글이나 자료가 다른 글이나 자료와 연결되면서도 독특한 주제나 내용을 어떻게 전하는지, 다른 글이나 자료와 견주어 볼 때 그 글이 갖고 있는 독특한 목소리는 무엇인지 알아내면서 나만의 상호 텍스트적 읽기 경험이 쌓여 간다면, 글 한 편을 읽을 때보다 더 넓고 깊은 세상을 만나게 될 것입니다.

>> 핵심 정리 <<

- 디지털 미디어를 잘 다루기 위해서는 공신력 있는 웹사이트 찾기, 정확한 검색어로 검색하기, 찾은 정보를 더 확인하기 등의 태도가 필요하다.
- 다양한 매체를 통해 다양한 방식으로 전달되는 텍스트 간의 연결을 이해하고 비교·분석하는 상호 텍스트적인 읽기는 디지털 미디어를 잘 다루기 위해 필요한 방법이다.

3

디지털 미디어 문해력, 슬기롭게 활용하기

디지털 미디어 속 정보를 똑똑하게 읽고자 할 때 가장 중요한 것은 잘못된 정보에 속지 않는 것입니다. 어떻게 하면 속지 않을 수 있을까요?

첫째, 그 정보가 믿을 만한 것인지 끊임없이 판단해야 합니다. 디지털 미디어 속 정보는 빠른 속도로 변화하며, 우리가 생각하는 것보다 훨씬 다양한 사람이 만들어 내기 때문이지요.

우선 믿을 만한 기관이나 웹사이트에서 제공하는 정보인지 출처의 신뢰성을 확인합니다. 이런 곳은 중립적인 관점에서, 검증된 사실을 전달하기 위해 노력하기 때문입니다. 내가 읽은 정보가 원본인지, 아니면 어디선가 가져온 것인지를 판단하는 것도 필요합니다. 복사하거나 '퍼 온' 정보보다 원본 정보가 더 믿을 수 있습니다. 하나 더! 믿을 만한 기관이나 웹사이트에서 제공한 정보여도 다른 정보나 의견은 없는지 또 다른 출처를 찾아보는 것이 필요합니다. "돌다리도 두들겨 보고 건너라."라는 속담을 늘 기억하세요.

둘째, 나 자신의 생각이 치우쳐 있지는 않은지 점검해야 합니다. 우리는 종종 내 생각과 비슷한 정보 한두 개를 찾아본 다음, 내 생각이 옳다는 확신에 빠지게 됩니다. 그러나 디지털 미디어 속 정보도 편향된 관점을 보일 수도 있고, 그 정보를 읽는 나도 편향된 관점에 갇혀 있을 수 있습니다. 내 생각이 항상 옳을 수는 없습니다. 때때로 보고 싶은 것만 보는 잘못을 저지를 수도 있습니다. 나와 시각이 다른 의견을 찾아보면서 한쪽 편에서만 정보를 읽는 것은 아닌지, 다양한 의견을 무시하고 있지는 않은지 점검해 보세요. 그러면 더 넓고 깊은 논의를 시작할 수 있습니다.

최근에는 인공 지능을 활용한 읽기도 이루어지고 있습니다. 인공 지능을 어떻게 활용하는 것이 디지털 미디어 읽기를 잘하는 방법인지를 인공 지능에게 물어볼까요? 2023년 9월 28일, 빙 챗(Bing Chat)에게 "인공 지능을 활용하여 글을 읽고 쓸 수 있는 방법을 알려 줘."라는 질문을 하니, 다음과 같은 답을 했습니다.

> 인공 지능을 활용하여 글을 읽고 쓰는 방법은 다양합니다. 여기에는 몇 가지 방법이 있습니다.:
>
> - **AI 챗봇** OpenAI의 GPT-3와 같은 AI 챗봇은 문장을 통해 질문을 주고받는 AI로, 사람과 대화를 나누는 것은 물론 에세이나 소설

등과 관련된 작문을 요청받을 때도 이에 응합니다.

- **AI 글쓰기 도구** AI 기반으로 글을 쓰는 솔루션들이 있습니다. 예를 들어, 뤼튼 테크놀로지의 '뤼튼'은 AI 창작 솔루션으로, 다양한 형식의 글을 쓸 수 있습니다.
- **온라인 AI 글쓰기 사이트** 인공 지능이 글 써 주는 사이트를 이용하면, 주제나 첫 문장만 입력하면 나머지는 인공 지능이 써 줍니다. 이런 사이트에서는 주제를 입력하고 'Generate Text' 버튼을 누르면 글을 생성해 줍니다.
- **AI 창작** AI는 참가자들이 제시한 엉뚱한 소재를 갖고서 실시간으로 단편 공포물을 만들기도 합니다.

이러한 방법을 통해 AI를 활용하여 글을 읽고 쓸 수 있습니다. 하지만 AI가 생성하는 내용은 학습된 데이터와 알고리즘에 기반하므로, 항상 결과를 신중하게 검토하고 필요한 경우 수정하는 것이 중요합니다.

어떤가요? 그럴듯한 답변인가요? 인공 지능의 답변 중 가장 중요한 문장은 마지막 문장이라고 생각합니다. "AI가 생성하는 내용은 학습된 데이터와 알고리즘에 기반하므로, 항상 결과를 신중하게 검토하고 필요한 경우 수정하는 것이 중요합니다."라는 문장입니다.

인공 지능은 무서운 속도로 발전하고 있습니다. 그러니 우리가 좀 더 똑똑하게 디지털 미디어 읽기를 하려면 인공 지능으로 무언가를 읽을 때에 우리가 어떤 생각을 하며, 어떤 태도를 가져야 할지를 생각해야 합니다. 사람은 자신의 필요에 따라 각종 기계를 도구로 사용할 수 있는 현명한 존재니까요.

>> **핵심 정리** <<

- 디지털 미디어 속 정보를 똑똑하게 읽기 위해서는 그 정보가 믿을 만한 것인지 끊임없이 판단해야 하며, 나 자신의 생각이 치우쳐 있지는 않은지 점검해야 한다.

징검다리

나의 디지털 미디어 문해력 수준은?

나의 디지털 미디어 문해력 수준은 어느 정도일까요? 무엇을 기준으로 이를 판단할 수 있을까요? 다음은 우리나라 학생들의 디지털 미디어 역량을 평가하기 위해 2020년에 개발된 문항입니다.[1] 나의 문해력 생활에서 디지털 미디어가 얼마나 중요하다고 생각하는지, 나는 얼마나 디지털 미디어를 좋아하는지 등을 살펴볼 수 있는 문항들로 이루어져 있습니다. 좋아한다고 해서 해야 할 일을 미룬 채 디지털 미디어에만 매달리면 슬기로운 사람이라고 할 수 없지요. 그래서 스스로 디지털 미디어 사용을 조절할 수 있는지도 묻고 있습니다. 평소 자신의 디지털 미디어 생활을 떠올리면서 솔직하게 답해 봅시다.

	전혀 그렇지 않다	다소 그렇지 않다	보통 이다	약간 그렇다	매우 그렇다
인터넷은 학습에 도움이 된다.					
책 읽기만큼 인터넷에서 읽기가 중요하다.					
종이에 글을 쓰는 것만큼 컴퓨터로 글을 쓰는 것이 중요하다.					
나는 인터넷에서 필요한 정보를 쉽게 찾을 수 있다.					
나는 컴퓨터로 글을 쓸 때 깊이 생각하며 쓸 수 있다.					
나는 인터넷에서 찾은 정보가 쓸모 있는지 확인할 수 있다.					
나는 인터넷에서 나의 생각을 표현하는 것이 즐겁다.					
나는 인터넷에서 댓글로 다른 사람들과 의견을 나누는 것을 좋아한다.					
나는 인터넷에서 다른 사람들과 생각이나 경험을 주고받는 것이 즐겁다.					
나는 놀 때와 공부할 때를 구분해서 인터넷을 사용한다.					
나는 필요한 정보가 있을 때 포기하지 않고 계속 검색한다.					
나는 원래 찾으려 했던 것을 생각하면서 인터넷 검색을 한다.					
나는 인터넷에서 정보를 읽을 때에 나에게 필요한 것을 골라 읽는다.					
나는 경험이나 느낌을 인터넷에 올려 친구들과 나눈다.					
나는 필요한 경우에 다른 사람이 올린 글에 댓글을 쓴다.					
나는 읽을 사람의 기분을 생각하며 인터넷에 댓글을 쓴다.					
나는 필요한 경우에 인터넷 게시판에 내 생각이나 의견을 표현한다.					
나는 인터넷에서 다른 사람의 지적 재산권을 존중한다.					
나는 나의 인터넷 활동이 기록으로 남을 수 있다는 것을 생각한다.					
나는 개인 정보를 입력할 때 그 사이트가 얼마나 믿을 만한지 판단한다.					
나는 인터넷에서 다른 사람들이 나를 찾아낼 만한 단서가 되는 정보를 노출하지 않는다.					
나는 개인 정보를 입력할 때 필수 사항으로 입력할 것과 선택 사항으로 입력할 것을 확인한다.					

답을 해 보았나요? '전혀 그렇지 않다'는 1점으로, '다소 그렇지 않다'는 2점으로, '보통이다'는 3점으로, '약간 그렇다'는 4점으로, '매우 그렇다'는 5점으로 계산하여 나의 디지털 미디어 문해력 수준을 알아봅시다. 점수가 높을수록 디지털 미디어 문해력이 높은 수준입니다.

여러분의 디지털 미디어 문해력은 만족스러운 수준인가요? 설사 그렇지 않더라도 자신이 부족한 부분과 잘하고 있는 부분을 알게 되었다면 좀 더 나은 디지털 미디어 생활을 할 수 있는 출발점에 선 것입니다. 부족한 부분은 보완하고 잘하고 있는 부분은 더 잘할 수 있도록 노력하면서 슬기롭게 디지털 미디어 문해력을 키워 나가 봅시다.

주

1강

1 정혜승(2008), 「문식성(Literacy)의 변화와 기호학적 관점의 국어과 교육과정 모델」, 『교육과정 연구』 26(4), pp.149-172.

2강

1 김영지 외(2021), 『2021 아동·청소년 권리에 관한 국제협약 이행 연구—한국 아동 · 청소년 인권 실태: 기초 분석 보고서』, 연구 보고 21-R10-2. 한국청소년정책연구원.
2 전영상 외(2017), 「학업성적이 부모와 자신의 행복에 미치는 영향」, 『청소년학연구』 24(2), pp.473-490.
3 박은아 외(2008), 「고등학교 1학년 학생의 국어과의 읽기 능력과 사회과 학업성취도 간의 관계 분석」, 『사회과교육』 47(3), pp.241-266.
4 구자옥 외(2017), 『OECD 국제 학업성취도 평가 연구—PISA 2015 결과 심층 분석 보고서』, 연구 보고, RRE2017-9 한국교육과정평가원.
5 이형래(2006), 「공무원의 직업문식성 평가에 관한 연구」, 고려대학교 박사 학위 논문, 79-80쪽 재구성.
6 Spengler, M. et al.(2018). 〈How you behave in school predicts life success above and beyond family background, broad traits, and cognitive ability〉, *Journal of Personality and Social Psychology* 114(4), pp.620-636.
7 한국경영자총협회(2013), 『2013년 신입사원 교육 · 훈련 및 수습사원 관리 현황 조사 결과 보고서』, 중소벤처기업부.
8 새뮤얼 아브스만(2014), 『지식의 반감기』, 이창희 역, 책읽는수요일.
9 임진혁(2020), 〈90→30 →15년 기업 수명 줄어… 초격차 '유효 기간'도 짧아진다〉 https://www.sedaily.com/NewsView/1YXHONN70D(2022년 8월 16일 오후 3시 검색).
10 최중혁(2017). 〈평생 한 직장? 2030년엔 1인당 30~40개 직업 가져야 한다〉 https://m.blog.naver.com/moeblog/221007838339(2023년 11월 26일 오후 3시 검색).
11 이소연 · 구남욱 · 조성민 · 이인화 · 신영(2020), 「PISA 2018 결과에 나타난 우리나라 학생의 성취 특성 분석—성취 수준별 특성 및 학업 탄력성이 있는 학생 특성을 중심으로」, 한국교육과정평가원 연구 보고, RRE 2020-7.
12 교육부, 〈경제협력개발기구(OECD), 국제 학업 성취도 평가(PISA) 2022 결과 발표〉, 교육부 보도자료(2023. 12. 5.).
13 조성민 외(2019a, p.73)를 토대로 수정 보완하고 OECD(2023b, pp.3018~319) 자료를 추가함. 교육부, 〈경제협력개발기구(OECD), 국제 학업 성취도 평가(PISA) 2022 결과 발표〉, 교육부 보도자료(2023. 12. 5.).

3강

1 인사혁신처(2022), 2022년도 국가공무원 9급 공개 경쟁 채용 필기시험 문제 국어-가, https://www.gosi.kr/cop/bbs/selectBoardArticle.do(2022년 12월 19일 검색).

2 Joseph, L. et al.(2016). 〈The effects of self-questioning on reading comprehension: A literature review〉, @Reading & Writing Quarterly@ 32(2), 152-173.
3 정혜승 외(2020), 『학생이 질문하는 즐거운 수업 만들기—중등 활동 편』, 사회평론아카데미.

4강

1 정혜승 외(2006), 『창의성 계발을 위한 국어과 교수 학습 전략』, 사회평론.
2 전인숙(2012), 「질문을 통한 쓰기 과제 구체화 지도 전략」, 『한국초등국어교육』, 48(0), p.305.

5강

1 Tannenbaum, K. R. et al.(2006), 〈Relationships between word knowledge and reading comprehension in third-grade children〉, *Scientific Studies of Reading* 10(4), pp.381-398.
2 Stæhr, L. S.(2008), 〈Vocabulary size and the skills of listening, reading and writing〉, *Language Learning Journal*, 36(2), pp.139-152.
3 Nation, I.(2006), 〈How large a vocabulary is needed for reading and listening?〉, *Canadian Modern Language review* 63(1), pp.59-82.
4 Hu, M. et al.(2000), 〈Unknown vocabulary density and reading comprehension〉, *Reading in a Foreign Language* 13(1), pp.403-430.
5 김광해(2003), 『등급별 국어교육용 어휘』, 박이정.
6 Brysbaert, M. et al.(2016), 〈How many words do we know? Practical estimates of vocabulary size dependent on word definition, the degree of language input and the participant's age〉, *Frontiers in Psychology*, 7. https://www.frontiersin.org/articles/10.3389/fpsyg.2016.01116/full(2023년 11월 25일 오전 10시 검색).
7 이소현(2007), 「외국인 학습자를 위한 형용사 '부끄럽다'의 유의어 의미 변별의 기초 연구 및 지도 방안—'부끄럽다, 창피하다, 쑥스럽다, 수줍다, 수치스럽다'를 중심으로」, 『언어와 문화』 3(1), pp.121-142.
8 조암(2018), 「한국어 학습자 작문에 나타난 어휘 오류 분석—낙양외대 초 · 중급 학습자를 중심으로」, 『한국(조선)어교육연구』 11, pp.155-173.
9 윤지환 외(2019), 「국어사전 사용자 인식 조사 결과보고서」, 국립국어원.
10 Hakim, M. et al.(2022), 〈Dictionary Use to Increase Student's Vocabulary Mastery: Electronic Dictionary or Printed One?〉, http://repository.iainbengkulu.ac.id/9114/1/Arif%20turnitin%20dictionary%20use%20scitepress.pdf.(2023년 4월 24일 오후 8시 검색).
11 신명선 외(2021), 「능숙한 독자와 미숙한 독자의 읽기 방식 차이: 어휘의 난이도와 적절성을 중심으로」, 『독서연구』 59, pp.51-106.

6강

1 양길석, 서수현, 옥현진(2020), 「디지털 리터러시 역량의 자기진단 평가도구 계발」, *Journal of Digital Convergence*, 18(7).를 재구성하여 제시함.

이미지 출처

26쪽 왼쪽 "Wikipedia: Foto H.-P.Haack"
오른쪽 〈열하일기〉, 한국민족문화대백과사전
36쪽 www.bnf.fr/fr
37쪽 위 www.flickr.com/photos/deanhochman/17010263631
아래 www.bibalex.org/ar/MediaGallery/Default/baexterior
38쪽 아래 www.nlcy.go.kr/NLCY/main/index.do
39쪽 위 tour.paju.go.kr/user/tour/main/index.do
아래 www.uilib.go.kr/music/board/view.do?menu_idx=124&manage_idx=80&board_idx=30976&viewPage=1
40쪽 위 https://www.nie.re.kr/nieAnn/pgm/with/history.do?menuNo=900001
58쪽 왼쪽. ⓒ중앙선거관리위원회
오른쪽 www.theguardian.com/news/2019/apr/08/whats-at-stake-as-indias-900m-voters-head-for-the-polls
61쪽 국가평생교육진흥원, 「내 이름은 분한이」, 공공누리 제1유형, 2019년 전국 성인문해교육 시화전 수상작,
국가평생교육진흥원 국가문해교육센터 홈페이지(www.le.or.kr) 〉 역대 수상작
62쪽 unesco.org/en/days/literacy
137쪽 www.natmal.com
145쪽 ⓒ존 발데사리John Baldessari 존 발데사리, 연필이야기, 1972-1973
180쪽 왼쪽 〈농기〉, 한국민족문화대백과사전
오른쪽 〈영기〉, 한국민족문화대백과사전

이외 모든 이미지는 퍼블릭 도메인임.